Walther Bindemann
Bibelgespräche – aus dem Leben gegriffen

Walther Bindemann

Bibelgespräche –
aus dem Leben gegriffen

Aussaat Verlag

Die Bibelgespräche in dieser Sammlung wären nicht entstanden ohne die Menschen, mit denen ich sie geführt habe: Angehörige der evangelischen Gemeinden deutscher Sprache in Großbritannien, wo ich bei Gemeindeveranstaltungen und Laienbildungsseminaren so viel Gelegenheit habe, gemeinsam mit anderen die Bibel zu lesen. Von ihnen habe ich vieles gelernt, was in diese Sammlung eingeflossen ist. Ihnen möchte ich an dieser Stelle danken und ihnen diese Sammlung von Bibelgesprächen widmen.

Edinburgh, Pfingsten 2001

© 2002 Aussaat Verlag
Verlagsgesellschaft des Erziehungsvereins mbH, Neukirchen-Vluyn
Titelgestaltung: Hartmut Namislow
Foto Titelseite: © MAURITIUS Bildagentur GmbH
Gesamtherstellung: Breklumer Druckerei Manfred Siegel KG
Printed in Germany
ISBN 3-7615-5265-3
Bestellnummer 113 265

Inhaltsverzeichnis

Kompetenz entdecken und zur Geltung kommen lassen
Theorie und Praxis von Bibelgesprächen 7

Klagen – Loben – Danken
Einstimmen in die Psalmen 14

Aus dem Sklavenhaus in die Freiheit
Eine Wanderung durch das Buch Exodus 56

Am Jordan und auf dem Berg
Worte und Handlungen Jesu nach dem
Matthäusevangelium 98

Gott baut ein Haus, das lebt
Ein Bibelgespräch für Erwachsene und Kinder 148

Kompetenz entdecken und zur Geltung kommen lassen

Zur Theorie und Praxis von Bibelgesprächen

1. Warum Bibelgespräche?

Mündigkeit ist nicht nur eine Altersfrage. Sie ist auch Ausdruck geistiger Reife und die will immer neu erworben und unter Beweis gestellt sein. Eine angemessene Umgangsform mündiger Christen miteinander und mit der Bibel ist das Bibelgespräch.
Es dient mehreren Zielen. Eines besteht darin, die Bibel besser zu verstehen.
Die Bibel ist ein aufregendes und anregendes Buch. Aber der Zugang zu ihr muss immer wieder gefunden und auch erarbeitet werden. Gruppengespräche können dabei hilfreich sein.
Doch Bibelgespräche tragen nicht nur zum Verstehen der Bibel bei, sie helfen uns auch, dass wir uns selber besser verstehen. Viele biblische Texte sind wie Spiegel. Wir schauen in sie hinein – und erkennen uns selber. Ich höre die Erzählung von den Israeliten, die aus der Unfreiheit in Ägypten ausgezogen sind – und schon wieder unzufrieden sind, weil sie die Speisekarte des »Sklavenhauses« vermissen. Bin ich ihnen nicht auf fatale Weise ähnlich? Lebe ich nicht auch oft rückwärts gewandt? Sind Wohlstand und ein gut gedeckter Tisch auch mir nicht oft genug, mitunter sogar mehr als die Freiheit, in die Gott mich ruft?
Manche biblische Texte sind wie Räume, in die man eintritt und in denen man verschiedene Positionen einnehmen kann. Jesus heilt einen Gelähmten, und verschiedene Menschen(gruppen) sind dabei. In welchen erkenne ich mich wieder? In den Pharisäern, die Jesus ablehnen? In den Leuten, die den Gelähmten zu Jesus gebracht haben? In denjenigen, die einfach nur zuschauen? Im Gelähmten? Oder – warum nicht auch das – sogar in Jesus? Je nachdem, welche Position ich einnehme, schaut die Welt verschieden aus. So legen wir die Bibel aus, und während wir das tun, legen wir uns selber aus.
Last but not least muss ein Bibelgespräch nicht *nur* lehrreich sein, es darf auch unterhaltsam sein. Es darf Spaß machen, Spannung bieten.

2. Kompetenz der Experten und Kompetenz der Laien

Trotz allem Gewinn, den ein Bibelgespräch verspricht, gilt die Bibel doch als schwieriger Gesprächspartner. Viele Menschen werden stumm, wenn zum Gespräch über biblische Texte eingeladen wird. Das ist einerseits ein Rollenproblem zwischen Theologen und kirchlichen Amtsträgern auf der einen Seite, den sogenannten »Laien« auf der anderen. Schon das Wort »Laie« suggeriert ja Inkompetenz. So ist eine der Grundregeln für Bibelgespräche: Hier gibt es keine »Laien«! Denn wenn wir es richtig anstellen, kann jeder kompetent mitreden!
Doch das Problem liegt tiefer. Es ist begründet in der Rolle der historisch-exegetischen Bibelwissenschaft bei der Erschließung biblischer Aussagen. Die moderne Bibelwissenschaft hat unser Wissen über die biblischen Schriften enorm bereichert – doch mit einem fatalen Nebeneffekt. Bibelwissenschaftliche Erkenntnisse drängen sich gewissermaßen zwischen die Bibel und ihre unbefangenen Leser. Dadurch wird deren Annäherung an die Bibel oft nicht erleichtert, sondern, im Gegenteil, erschwert. Vielfach scheint das richtige Verstehen biblischer Texte nur noch mit Hilfe theologischer Experten möglich. Wo das der Fall ist, bleibt die Bibel trotz aller Erklärungsversuche ein fremdes Buch. Und Menschen, die über kein theologisches Fachwissen verfügen, empfinden sich als Bibelleser zweiter Klasse.
Der Ausweg aus dieser Situation beginnt mit der Erkenntnis, dass theologische Fachkompetenz nicht der einzige Schlüssel zu biblischen Texten ist. Ein anderer ist die Alltagserfahrung der Menschen, die mit der Bibel ins Gespräch kommen möchten. Wer sich mit der Bibel ins Gespräch begibt, tut das in der Erwartung, in ihr einen Gesprächspartner zu finden, der in seine Welt und sein Leben hineinspricht, an den er Fragen stellen und dem er auch widersprechen kann. Dabei kann theologisches Wissen nützlich sein, jedoch muss es im Gespräch mit der Bibel seinen angemessenen Ort einnehmen. Wo das erkannt und anerkannt ist, kann das Gespräch mit der Bibel in trialogischer Form geführt werden:
Solch ein Trialog ist die geeignete Form für Bibelgespräche in Gemeindekreisen und -gruppen und ein wichtiges Element kirchlicher Erwachsenenbildung. Er setzt allerdings voraus, dass *alle* TeilnehmerInnen eines Bibelgespräches sich gegenseitig als Gesprächspartner erleben. Das heißt, dass Alltagserfahrung gleichberechtigt neben bibelwissenschaftlicher Kompetenz steht, dass beide als unterschiedliche Formen von Kompetenz akzeptiert werden. Wer über seine Erfahrungen redet, darf dabei nämlich Kom-

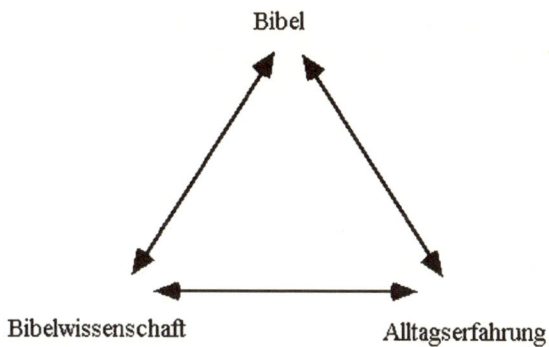

petenz beanspruchen. Jeder Mensch ist ein Experte für *seine* Erfahrungen, *seine* Sorgen und Hoffnungen, *seine* Erwartungen an das Leben und *seine* Enttäuschungen. Jeder hat *seine* persönliche, unverwechselbare Geschichte und kann davon Geschichten erzählen. Diese Kompetenz zu entdecken und zur Geltung kommen zu lassen, ist eine wichtige Voraussetzung für ein Bibelgespräch. Denn sie bildet den Kontext, in welchem wir die Bibel lesen, den Raum, in welchem Verstehen sich vollzieht. Nur wenn es gelingt, den Bibeltext mit unseren Erfahrungen ins Gespräch zu bringen, kann er wirklich zu uns sprechen. Dann werden wir feststellen, dass die Bibel in einer direkten Beziehung zu unserem Leben steht und dass deshalb das Gespräch mit ihr anregend, aufregend, ermutigend oder tröstlich sein kann. Dann können wir miteinander erleben, was in Markus 7,35 in einer Heilungsgeschichte erzählt wird: dass die Zunge der »Stummen« sich löst.

3. Aufgaben des Gesprächsleiters

Zu jedem Gruppenprozess gehören drei Grundkomponenten: eine Anzahl von Personen, ein gemeinsames Anliegen, ein Leiter. Alle drei sind gleichermaßen wichtig. Der Leiter eines Gruppengespräches trägt besondere Verantwortung für seinen Verlauf. In der Regel ist er (oder sie) in der Expertenrolle, soll also theologisch gut informiert sein und Information weiter vermitteln. Zur theologischen Kompetenz aber muss auch kommunikative Kompetenz kommen: die Fähigkeit, Gruppenprozesse zu steuern, Signale aufzunehmen und zu beantworten, für Offenheit und Fairness im Gespräch zu sorgen.

Ein echtes Gespräch lässt sich nie *planen*, jedoch gehört zu den Aufgaben des Gesprächsleiters, es zu *strukturieren*. Er (sie) soll Impulse geben, die einzelnen Phasen des Bibelgespräches eröffnen und abschließen.

Vor allem aber hat er (sie) dafür zu sorgen, dass die Kompetenz aller GesprächsteilnehmerInnen zur Geltung kommt. Dazu gehört Respekt vor den Erfahrungen der anderen. Er muss spürbar sein, das ist die beste Garantie dafür, dass möglichst viele GesprächsteilnehmerInnen frei und offen reden. Für gegenseitige Achtung und Akzeptanz zu sorgen, ist eine der vornehmsten Aufgaben des Gesprächsleiters. Er übt sie am besten aus, indem er selber den Gesprächsteilnehmern Respekt erweist. Indem er sie zu Wort kommen lässt, ohne sie zum Reden zu nötigen. Indem er ihre Äußerungen gelten lässt, auch wenn er etwas anderes erwartet hat. Indem er die Stillen und Stummen zum Reden ermutigt und sie spüren lässt, dass ihr Wort etwas wert ist. Indem er, wo nötig, Meinungen hinterfragt und Ansichten korrigiert, ohne schulmeisterlich zu werden oder den Zensor zu spielen.

4. Die Struktur des Bibelgesprächs

Ob ein Gespräch gut wird, entscheidet sich meistens schon am Anfang. Der Anfang ist die sensibelste Gesprächsphase. Hier müssen Hemmungen abgebaut und Ängste überwunden werden, die TeilnehmerInnen müssen Vertrauen in sich selbst und in die anderen entwickeln und müssen Freude am Thema finden.

Schon deshalb ist es sinnvoll, Bibelgespräche nicht zu eröffnen, indem die GesprächsteilnehmerInnen mit einem Bibeltext konfrontiert werden, mit einem fremden Gegenüber also. Viel besser ist es, sie einzuladen zum Gespräch über ein Thema, zu dem alle etwas beisteuern können.

Es gibt viele solcher Themen bei denen jeder mitreden kann. Die folgende Liste soll das illustrieren, vor allem aber soll sie auch zeigen, wie sich solche Themen methodisch entwickeln lassen.

Tageskreis
Morgen, Licht, Sonne, aufstehen, Mahlzeiten, Mittag, Nachmittag, Abend, Feierabend.

Jahreskreis
Frühling, Sommer, Herbst, Winter, Frühjahrsbestellung, Ernte, Feste, Urlaub, Ferien.

Lebenslauf
Eltern, Kindheit, Jugend, Schule, Lehrjahre, Beruf, Heirat, Ehe, Kinder, Enkel, Umzüge, Krieg und Nachkriegszeit, Flucht, Krankheiten, Alter, Sterben, Tod.

Elementare Lebensfunktionen
Atmen, essen, trinken, schlafen, wachen, träumen, sprechen, arbeiten, singen, tanzen, leiden, trauern, teilen, lernen, ruhen, feiern, sich kleiden.

Archetypische Erfahrungen
Zeit, Anfang, Ende, Grenzen, Heimat, Zuhause, Einsamkeit, Wärme, Kälte, Chaos, Fülle, Leere, Dürre, verlieren, finden, klein sein, groß sein.

Archetypische Bilder
Weg, Stadt, Haus, Flut, Land, Wüste, Berg, Wald, See, Fluss, Stein, Fels, Sand, Boden, Loch, Höhle.

Stimmungen und Gefühle
Freude, Dankbarkeit, Liebe, Trauer, Ärger, Hass, Stolz, Überlegenheitsgefühl, Minderwertigkeitsgefühl, Gleichgültigkeit, Schuldgefühl, Erleichterung, Begeisterung.

Natur
Bäume, Blumen, Erde, Garten, Landschaft, Luft, Pflanzen, Regen, Sonne, Tiere, Wasser.

Gesellschaft
Macht, Herrschaft, Gewalt, Sitten, Regeln und Gesetze, Familie, Öffentlichkeit, Nachrichten, Medien.

Bibelgespräche mit einem derartigen Thema zu beginnen, ist nicht nur methodisch ratsam, es ist auch theologisch wichtig. Denn theologische Erkenntnis gibt es nicht jenseits unserer Erfahrung – sie muss auf Erfahrung bezogen und mit ihr vermittelt sein. Diese Einsicht ist nicht neu. Wir verdanken sie der lateinamerikanischen Befreiungstheologie. Deren Methodologie besteht im Dreischritt von der Alltagserfahrung zum Bibeltext und von dort zurück zur gesellschaftlichen Wirklichkeit und den Möglichkeiten, sie zu beeinflussen und – nach Möglichkeit – zu verändern.
Der ideale Einstieg in ein Bibelgespräch ist daher ein Thema, welches so-

wohl in Beziehung zum Bibeltext steht, als auch zur Alltagserfahrung der GesprächsteilnehmerInnen. In einem nächsten Schritt kann dann die Beziehung zum Bibeltext hergestellt werden. Hier ist oft auch der Ort, an dem theologische Kompetenz ins Gespräch eingebracht werden muss.
Von diesen Überlegungen her ergibt sich für die Bibelgespräche in dieser Sammlung folgende Grundstruktur (die natürlich von Fall zu Fall variiert worden ist):

1. Einstieg
Wir sammeln Erfahrungen und Ansichten der Gesprächsteilnehmer zu einem Thema, das in einer Beziehung zum Bibeltext steht. Oft ist diese Beziehung (den TeilnehmerInnen) nicht von vornherein klar. Das ist beabsichtigt. Spannung ist wichtig für eine gute Unterhaltung und macht Lust zur Fortführung des Gesprächs.

2. Begegnung mit dem Text
Handelt es sich um fremde oder schwer verständliche Texte, dann besteht das Ziel dieser Phase darin, den Kontakt zwischen Text und Lesern herzustellen. Schwieriger sind oft die vertrauten Texte, die wir scheinbar so gut kennen, dass sie uns nichts Neues mehr sagen. Die Begegnung mit solchen Texten kann als gelungen gelten, wenn wir an ihnen etwas Fremdes entdecken.

3. Information zum Bibeltext
Hier ist der Ort für theologische Information, welche die Gesprächsteilnehmer in der Regel vom Leiter des Bibelgespräches erwarten. Sie kann monologisch in Vortragsform oder dialogisch in Form eines Gespräches vermittelt werden.

4. Brückenschlag zwischen dem Bibeltext und unseren Erfahrungen
Ziel dieser Gesprächsphase ist es, Zusammenhänge zwischen dem Bibeltext und den Erfahrungen der Gesprächsteilnehmer herzustellen. Es geht dabei, in Aufnahme eines Ausdruckes von Ernst Lange, darum, unsere Alltagserfahrung und biblische Überlieferung miteinander zu einer Botschaft zu *ver-sprechen*, die gegenüber beiden – unserer Alltagserfahrung und der biblischen Überlieferung – etwas Neues darstellt.

5. Meditativer Abschluss durch Gebet, Gesang, Bildbetrachtung oder Meditationstext
Er kann gerade nach einem bewegten Gespräch wichtig sein. In anderen Fällen hilft er, bestimmte Aussagen des Gespräches in spezifischer Weise zu bündeln oder zu fokussieren.
Diese Struktur stellt sicher, dass wir das Bibelgespräch mit den Erfahrungen der TeilnehmerInnen eröffnen und dass am Schluss die Relevanz biblischer Aussagen für unsere Erfahrungsräume deutlich wird. So können beide sich gegenseitig auslegen: Der Erfahrungshorizont der GesprächsteilnehmerInnen liefert die Perspektive, in welcher der Bibeltext wahrgenommen und ausgelegt wird, und der Bibeltext setzt eine Botschaft frei, welche die GesprächsteilnehmerInnen anspricht, sie bestätigt oder in Frage stellt. So steht die Bibel an zentraler Stelle und der biblische Text kann – durch das Medium unserer Erfahrungen – zu uns allen sprechen. Und alle GesprächsteilnehmerInnen können dabei kompetent mitreden.

5. Aus der Praxis für die Praxis

Die hier gesammelten Entwürfe sind als Arbeitshilfe für LeiterInnen von Bibelgesprächen gedacht. Zugleich illustrieren sie die oben beschriebenen Prinzipien. Sie bilden mehrere Zyklen, eignen sich daher besonders für verschiedene Formen kirchlicher Erwachsenenbildung wie Gemeindeseminare, Bibel-Workshops oder – als Serie – für Gemeindekreise, die sich regelmäßig treffen. Doch sind viele auch einzeln verwendbar.
Trotz aller praktischer Ausrichtung: *Fastfood* für Gemeindeveranstaltungen ist diese Sammlung von Bibelgesprächen nicht. Zunächst einmal sind oft technische Voraussetzungen und Vorbereitungen erforderlich. Oft wird die Arbeit mit Wandtafel, Flipchart oder Overhead-Projektor (OHP) empfohlen. Den meisten Gesprächsentwürfen sind Kopiervorlagen mit Texten und Graphiken beigefügt. Diese können entweder auf Folien kopiert und über den Overhead-Projektor sichtbar werden oder auf Textblätter und Handzettel. Da wir durch die Massenmedien so stark an visuelle Impulse gewöhnt sind, ist es sinnvoll, auch Bibelgespräche durch visuelle Elemente zu unterstützen. Neben der technischen Vorbereitung bleibt den LeiterInnen von Bibelgesprächen die eigene inhaltliche Vorbereitung nicht erspart. Verlassen Sie sich nicht auf meine Notizen! So wichtig die Kompetenz der Laien ist – auch Sie müssen sich die erforderliche theologische Kompetenz erarbeiten.

Klagen – Loben – Danken

Einstimmen in die Psalmen

Psalm 23 – Finsteres Tal und grüne Aue
Psalm 27 – Mutquelle Gott
Psalm 46 – Gott ist unsere Stärke
Psalm 69 – Das Wasser steht mir bis zum Halse
Psalm 92 – Du lässt mich grünen und blühen
Psalm 103 – Vergiss das Gute nicht

Psalm 23 –
Finsteres Tal und grüne Aue

Chagall, Marc   Radierung zum 23. Psalm © VG Bild-Kunst, Bonn 2002

Sie benötigen:
- *Flipchart oder Wandtafel bzw. Overhead-Projektor, über den Sie die angefügten Kopiervorlagen sichtbar machen*
- *Kopien der Radierung von Marc Chagall zum 23. Psalm (Aus: Marc Chagall, Klaus Mayer: Psalmen in Bildern, Echter Verlag Würzburg, 1995, ISBN 3-429-01659-2, S. 29) auf Folie für OHP oder auf Handzetteln für die TeilnehmerInnen*

1. Ein Lied voller Bilder

Informationen
Der 23. Psalm ist einer der bekanntesten Psalmen. Er ist voller Bilder, und die sind wie Angebote an uns. Bilder legen unsere Vorstellungskraft nämlich nicht völlig fest, sondern stecken ihr einen Rahmen ab, in dem viel Spielraum bleibt. Weil da so viel offen bleibt, können wir die Bilder des 23. Psalm ganz persönlich mit Inhalt füllen. Bevor wir das tun, machen wir uns bewusst, dass der 23. Psalm ein Lied mit zwei Strophen ist. In der ersten Strophe wird Gott mit einem Hirten verglichen, der für seine Schafe sorgt. In der zweiten Strophe gilt der Vergleich einem Gastgeber, der seinen Gästen den Tisch deckt und sie willkommen heißt – selbst unter schwierigen Verhältnissen: »angesichts meiner Feinde« (Vers 5). Gott als Hirt – das ist ein Bild für seine Fürsorge und Führung, Gott als Wirt – das ist ein Bild für seine Zuvorkommenheit und Gastlichkeit.

Diesen beiden Bildern sind jeweils andere untergeordnet:
In der »Hirtenstrophe« ist es die grüne Aue, das frische Wasser (Vers 2), die rechte Straße (Vers 3), das finstere Tal (Vers 4), der Stecken und Stab des Hirten (Vers 4).
In der »Wirtstrophe« ist es der Tisch, gedeckt »im Angesicht meiner Feinde« (Vers 5), die Salbung des Gastes mit wohlriechendem Öl und sein bis zum Rand gefülltes Glas (Vers 6).

2. Die Bilder im 23. Psalm

Nicht alle diese Bilder sprechen uns gleichermaßen an. Aber, was wichtiger ist: Wir alle füllen jedes dieser Bilder mit unterschiedlichem Inhalt. »Finsteres Tal« zum Beispiel – das ist nicht nur ein Stück Landschaft. Es ist ein

Bild für eine schwierige Lebenssituation. Und wir alle werden beim Bild vom finsteren Tal an etwas anderes denken. So füllen wir das Bild auf unsere Weise mit Inhalt.

Das Bild vom »finsteren Tal«
Jetzt wollen wir uns darüber verständigen, was alles im Bild vom »finsteren Tal« steckt. Dazu habe ich diese beiden Worte senkrecht von oben nach unten aufgeschrieben (auf eine Folie, die per Overhead-Projektor sichtbar gemacht wird, auf eine Flipchart oder an eine Wandtafel). Da steht ganz oben »F wie ...« und wir können jetzt gemeinsam überlegen, was für Dinge und Erfahrungen, die mit F beginnen, hier aufgeschrieben werden sollen. Zum Beispiel: »Furcht«: Dann kommt die nächste Zeile: I wie ...Irren, Ichsucht ... was noch? Zu manchen Anfangsbuchstaben wird uns nur wenig einfallen, bei anderen sehr viel. Wichtig ist, dass eine Beziehung zum Bild des finsteren Tales besteht. So merken wir, wie viel Bedeutung im Bild vom finsteren Tal steckt.
Die Idee, das Bild vom »finsteren Tal« auf diese Weise mit Inhalt zu füllen, stammt von dem Schriftsteller und Dichter Jürgen Rennert. Der hat das natürlich professioneller gemacht als wir, so dass dabei ein Gedicht entstanden ist.
Sie können den Text auf eine Folie kopieren und über einen Overhead-Projektor sichtbar machen oder an eine Wandtafel oder Flipchart schreiben.

Gedicht

F	wie	Furcht
I	wie	irren
N	wie	nichts
S	wie	Schwärze
T	wie	trauern
E	wie	elend
R	wie	ratlos
E	wie	Ende
S	wie	sinken
T	wie	Tod
A	wie	Auferstehung
L	wie	Leben

»Das ist ja eine Ostergeschichte«, sagte eine Gesprächsteilnehmerin spontan, als sie diesen Text las. In der Tat: Rennerts Gedicht zeigt eine deutliche Spannungskurve: abwärts in die Tiefe und dann wieder nach oben. So kann der Weg durchs »finstere Tal« verlaufen.

Unser Versuch, das »finstere Tal« mit Inhalt zu füllen, ist sicher nicht so formvollendet ausgefallen wie der des Dichters Jürgen Rennert. Doch das ist nicht entscheidend. Wichtiger ist, dass es uns gelungen ist, uns das Bild zu eigen zu machen, es mit dem zu füllen, was unser Leben finster und beschwerlich macht.

Das Bild von der »grünen Aue«
Jetzt nehmen wir uns eines der freundlichen Bilder aus dem 23. Psalm vor und füllen es nach derselben Methode mit unseren Gedanken, Gefühlen und Erfahrungen. Diesmal steht an der Wand, auf der Tafel oder Flipchart:

G   wie
R   wie
Ü   wie
N   wie
E   wie

A   wie
U   wie
E   wie

Was fällt uns dazu ein? G wie ... Gesundheit, geschützt, gedeihen; R wie ...

3. Ein originell gedeckter Tisch

Wir lassen uns von einem anderen Künstler zeigen, wie er ein bestimmtes Bild des Psalms auf seine ganz persönliche Weise mit Inhalt gefüllt hat. Es gehört zur zweiten Strophe des Liedes, der »Wirtstrophe«. Marc Chagall hat dazu eine Radierung gestaltet, die zeigt, wie er, der Maler, Gottes Fürsorge erlebt hat. Wir versuchen, dieses Erleben nachzuempfinden. Dazu schauen wir uns das Bild gemeinsam an und sagen uns, was wir sehen.

Bildbetrachtung
Im Vordergrund sitzt eine Person, sie hält etwas Rundes in der rechten Hand, die linke scheint auf das zu zeigen, was dort vor ihr steht. Doch nein, die linke Hand zeigt nicht, sie ist nach oben geöffnet. Dort oben schweben zwei Engel, wohl Symbole für Gottes Zuwendung, Fürsorge und – im Falle des Malers dürfen wir wohl auch vermuten – Inspiration. Das ihm immer wieder Einfälle geschenkt werden, seine Hände mit der Fähigkeit gefüllt werden, Bilder zu schaffen – darin erfährt er Gottes Zuwendung.
Wir folgen der Bewegung der linken Hand: Sie lenkt uns zu dem, was vor dem Maler steht. Nein, ein Tisch ist das nicht. Es ist eine Staffelei, auf der gerade ein Bild entsteht. Aber sie lässt doch auch an einen Tisch denken: »Du bereitest vor mir einen Tisch ...«. Das dem Maler immer wieder Phantasie und Kraft zum Malen geschenkt wird – das ist die Art, wie Gott ihm den Tisch deckt – selbst »im Angesicht meiner Feinde.« Die sind auch da. Links und rechts im Hintergrund. Sie schauen zu, während der Maler tätig ist. Sie *müssen* zuschauen, weil er von Gott geschützt und geborgen ist, so dass seine Feinde ihm nicht zu nahe kommen können.

4. Ein Lied mit Variationen

Wir haben gesehen, wie ein Dichter und ein Maler Bilder des 23. Psalms auf ihre Weise mit Inhalt gefüllt haben. Und wir haben es mit unseren – viel bescheideneren – Mitteln ebenfalls getan.

Wir singen zum Schluss eine Nachdichtung des 23. Psalms, den Choral »Der Herr ist mein getreuer Hirt« (EG 274). Er ist relativ unbekannt und vielen Gemeinden und Gemeindegruppen wird die Melodie nicht geläufig sein. In diesem Fall gibt es eine exzellente Notlösung. Es gibt nämlich eine Reihe anderer, bekannter Choralmelodien, die zum Text dieses Liedes passen. Und von den jeweiligen Chorälen fällt immer auch ein Schimmer auf das Lied »Der Herr ist mein getreuer Hirt«, wenn wir es auf folgende Weise singen:

Lied
1. Strophe nach der Melodie »Bis hierher hat mich Gott gebracht (EG 329);
2. Strophe nach der Melodie »Nun freut euch, lieben Christen g'mein (EG 341);

3. Strophe nach der Melodie »Aus tiefer Not schrei ich zu dir (EG 299);
4. Strophe nach der Melodie »Es ist das Heil uns kommen her« (EG 342);
5. Strophe nach der Melodie »Sei Lob und Ehr dem höchsten Gut (EG 326).

Materialanhang

Kopiervorlage »Finsteres Tal«
Kopiervorlage »Finsteres Tal« von Jürgen Rennert
Kopiervorlage »Grüne Aue«
Bildabdruck Marc Chagall, Radierung zum 23. Psalm (einleitend)

Notizen zur Vorbereitung

Finsteres Tal

F	wie
I	wie
N	wie
S	wie
T	wie
E	wie
R	wie
E	wie
S	wie
T	wie
A	wie
L	wie

Finsteres Tal

F	wie	Furcht
I	wie	irren
N	wie	nichts
S	wie	Schwärze
T	wie	trauern
E	wie	elend
R	wie	ratlos
E	wie	Ende
S	wie	sinken
T	wie	Tod
A	wie	Auferstehung
L	wie	Leben

Autor: Jürgen Rennert
aus: Dialog mit der Bibel, Evangelische Haupt-Bibelgesellschaft Berlin und Altenburg, 1984

Grüne Aue

G   wie
R   wie
Ü   wie
N   wie
E   wie

A   wie
U   wie
E   wie

Psalm 27 – Mutquelle Gott

Psalm 27

Der Herr ist mein Licht und mein Heil;
vor wem sollte ich mich fürchten?
Der Herr ist meines Lebens Kraft;
vor wem sollte mir grauen?
Eines bitte ich vom Herrn, das hätte ich gerne:
daß ich im Hause des Herrn bleiben könne mein Leben lang,
zu schauen die schönen Gottesdienste des Herrn
und seinen Tempel zu betrachten.
Denn er deckt mich in seiner Hütte zur bösen Zeit,
er birgt mich im Schutz seines Zeltes
und erhöht mich auf einen Felsen.
Herr, höre meine Stimme, wenn ich rufe;
sei mir gnädig und erhöre mich!
Mein Herz hält dir vor dein Wort: »Ihr sollt mein Antlitz suchen.«
Darum suche ich auch, Herr, dein Antlitz.
Verbirg dein Antlitz nicht vor mir,
verstoße nicht im Zorn deinen Knecht!
Denn du bist meine Hilfe; verlaß mich nicht
und tu die Hand nicht von mir ab, Gott, mein Heil!
Denn mein Vater und meine Mutter verlassen mich,
aber der Herr nimmt mich auf.
Ich glaube aber doch, daß ich sehen werde
die Güte des Herrn im Lande der Lebendigen.
Harre des Herrn!
Sei getrost und unverzagt und harre des Herrn!

Lutherbibel, revidierter Text 1984,
© 1985 Deutsche Bibelgesellschaft Stuttgart

Sie benötigen:
Textblatt mit dem 27. Psalm und die Vorlage Kindermutmachlied

1. »Jetzt musst du mutig sein«

Einleitendes Gespräch
Mut ist eine wichtige Lebenskraft. Manchen Leuten wird sie in die Wiege gelegt, andere müssen mühsam lernen, mutig zu sein. Mitunter müssen wir mutig sein, ob wir wollen oder nicht.
Wir erinnern uns an unsere Kindheit und Jugend. Aus welchen Gründen mussten wir mutig sein? Wir tauschen uns darüber aus und benutzen als Hilfe die beiden angefangenen Sätze. Die GesprächsteilnehmerInnen werden gebeten, einen von ihnen (oder beide) zu vervollständigen.

Satzanfänge
Ich brauchte immer viel Mut, um ...
Ich musste einmal sehr mutig sein, als ...

Heute müssen wir oft aus anderen Gründen mutig sein. Auch darüber tauschen wir uns aus. Dabei kann uns wieder der angefangene Satz als Hilfe dienen.

Satzanfang
Heute muss ich manchmal allen Mut zusammennehmen, um ...

2. Quellen des Mutes

Weiterführendes Gespräch
Woher nehmen wir den Mut, den wir in bestimmten Situationen brauchen?
– Manche Menschen sind mutig. Sie gehen tapfer, couragiert auf Gefahren und Schwierigkeiten zu.
– Manche Menschen haben Gaben, die ihnen ein Gefühl von Stärke verleihen, sie selbstbewusst und sicher machen: z. B. Körperkraft oder die Gabe, geschickt mit »schwierigen Leuten« umzugehen.
– Mitunter können wir selbst nicht den nötigen Mut aufbringen, wir sind darauf angewiesen, dass jemand (oder etwas) uns Mut macht.

Wir tauschen aus: Kennen wir mutige Menschen oder Menschen mit einer stärkenden Gabe? Woher nehmen wir unseren Mut?

3. Ein Mutmachlied

Textvorlage Kindermutmachlied
Von einigem, was uns Mut macht, erzählt ein Kinderlied, ein Kindermutmachlied, das wir jetzt miteinander singen wollen. Was darin im Blick auf Kinder gesagt wird, gilt nämlich auch für Erwachsene.

4. Ein anderes Mutmachlied: Psalm 27

Lektüre und Erfahrungsaustausch
Wir lesen jetzt den 27. Psalm. Hier spricht ein Mensch, der Mut braucht. Er benutzt nicht das Wort »Mut«, er spricht von »Lebenskraft«. Wir achten darauf, wie er sich bewusst macht, woher er seine »Lebenskraft« bekommt und überlegen, welche seiner Erfahrungen wir teilen.
Sie teilen die Vorlagen Psalm 27 aus oder lesen vom Overhead-Projektor.

Der Herr ist mein Licht
Als Kinder hatten wir Angst vor dunklen Räumen. Auch viele Erwachsene vermeiden abends dunkle Straßen und Ecken, weil sie dort mit Gefahren rechnen.
Licht kann Mut machen: Wo Licht ist, herrscht Übersichtlichkeit, Transparenz.
Der Beter des Psalms sagt: Von Gott her fällt Licht auf mein Leben und auf die Wege, die ich zu gehen habe. Das macht mir Mut und gibt mir Lebenskraft.

Im Haus des Herrn bleiben
Häuser geben Schutz, Sicherheit, Geborgenheit: »My home is my castle«. Mitunter finden Menschen auch Sicherheit und Geborgenheit bei anderen: in der Wohnung eines Freundes, in einem Frauenhaus, in einem Obdachlosenasyl. Neuerdings gibt es an manchen Orten auch wieder Kirchenasyl für Asylbewerber.
Der Dichter des 27. Psalms spricht vom Schutz, den er in Gottes Haus findet. Für den alttestamentlichen Psalmbeter war dies der Tempel, der auf

die Felsen des Zionsberges gebaut war. Wir können so nicht mehr denken. Wir sollten uns bewusst machen, dass »Gottes Haus« nicht die Kirche ist – oder eines unserer Kirchengebäude. Das wäre viel zu eng gedacht. Vielmehr sollten wir uns klar machen, dass die ganze Welt Gottes Haus ist. Daher können wir uns überall in der Welt bei Gott zu Hause fühlen.

Ich nehme dich beim Wort!
Im letzten Teil des Psalms beruft der Beter sich auf Gottes Wort »Ihr sollt mein Antlitz suchen!« – »Das tue ich.«, sagt der Beter. »Ich nehme dich, Gott, beim Wort. Nun verbirg dich aber auch nicht vor mir, sondern lass dich finden!« Er sagt das nicht in »lammfrommer« Weise, nicht unterwürfig, sondern geradezu herausfordernd. Biblische Frömmigkeit ist keine unterwürfige Frömmigkeit. Sie wagt es, Gott auf sein Wort festzulegen. Sie fordert Gott heraus.
Was der Beter des 27. Psalms einklagt, ist Gemeinschaft mit Gott. Aus Erfahrung wissen wir, dass Gemeinschaft mit anderen Mut machen kann. Der Beter unseres Psalms weiß jedoch, dass selbst die Menschen, die uns am nächsten stehen, Vater und Mutter, nicht immer zu uns stehen können. »Aber der Herr nimmt mich auf«, sagt er sich. »Bei ihm kann ich die Gemeinschaft finden, die mir Kraft zu Leben gibt. Daran will ich mich halten.«

Können wir mitreden?
Im 27. Psalm wird beschrieben, wie ein Mensch Mut und Lebenskraft bei Gott findet. Welche seiner Erfahrungen sprechen uns besonders an? Und warum? Wir unterhalten uns abschließend darüber und merken dabei vielleicht, dass wir mit dem Beter des 27. Psalms mitreden können.

5. Das Kindermutmachlied

Abschließend singen wir noch einmal das Kindermutmachlied.

Materialanhang

Kopiervorlage »Kindermutmachlied«
Kopiervorlage Psalm 27 (vorlaufend)

Notizen zur Vorbereitung

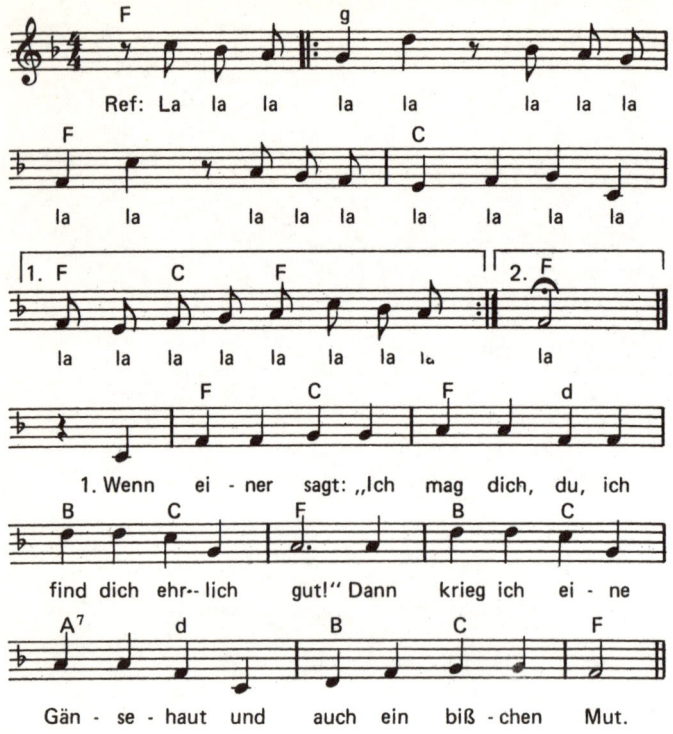

Kindermutmachlied

Wenn einer sagt: »Ich mag dich, du; ich find dich ehrlich gut!«,
dann krieg ich eine Gänsehaut und auch ein bißchen Mut.
Lala lala la ...

Wenn einer sagt: »Ich brauch dich, du, ich schaff es nicht allein«,
dann kribbelt es in meinem Bauch, ich fühl mich nicht mehr klein.
Lala lala la ...

Wenn einer sagt: »Komm, geh mit mir, zusammen sind wir was«,
dann werd ich rot, weil ich mich freu, dann macht das Leben Spaß.
Lala lala la ...

Gott sagt zu dir: »Ich hab dich lieb und wär so gern dein Freund.
Und das, was du allein nicht schaffst, das schaffen wir vereint.«
Lala lala la ...

Aus: »Meine Lieder, deine Lieder« © Hänssler Verlag, D-71087 Holzgerlingen

Psalm 46 – Gott ist unsere Stärke

Psalm 46

Gott ist unsre Zuversicht und Stärke, eine Hilfe in den großen Nöten, die uns getroffen haben.
Darum fürchten wir uns nicht, wenngleich die Welt unterginge
und die Berge mitten ins Meer sänken.
Wenngleich das Meer wütete und wallte und von seinem Ungestüm die Berge einfielen.
Der Herr Zebaoth ist mit uns, der Gott Jakobs ist unser Schutz.
Darum soll die Stadt Gottes fein lustig bleiben mit ihren Brünnlein,
da die heiligen Wohnungen des Höchsten sind.
Gott ist bei ihr drinnen, darum wird sie fest bleiben. Gott hilft ihr früh am Morgen.
Die Heiden müssen verzagen und die Königreiche fallen, das Erdreich muß vergehen, wenn er spricht.
Der Herr Zebaoth ist mit uns, der Gott Jakobs ist unser Schutz.
Kommt her und seht die Werke des Herrn, der auf Erden solch ein zerstören anrichtet,
der Bogen zerbricht, Spieße zerschlägt und Wagen mit Feuer verbrennt.
»Seid still und erkennt, daß ich Gott bin! Ich will der Höchste sein unter den Heiden, der Höchste auf Erden!«
Der Herr Zebaoth ist mit uns, der Gott Jakobs ist unser Schutz.

Lutherbibel, revidierter Text 1984,
© 1985 Deutsche Bibelgesellschaft Stuttgart

Sie benötigen:
- *Wandtafel, Flipchart oder OHP*
- *das Evangelische Gesangbuch (EG)*
- *Kopien des Arbeitsblattes »Stationen eines Liedes«*

1. Stark sein, schwach sein

Gespräch zur Eröffnung
Wir alle haben Stärken und Schwächen. Wir alle fühlen uns in bestimmten Situationen stark, und dann wieder macht etwas uns schwach. Wir tauschen uns darüber aus und schreiben Stichworte an Wandtafel oder Flipchart.

2. Der 46. Psalm und seine Vorgeschichte

Information und Gespräch
In einem Lied des alten Volkes Israel wird Gott »unsere Zuversicht und Stärke« genannt. Das Lied hat drei Strophen, jede schließt mit einem Kehrvers:

Der Herr Zebaoth ist mit uns,
der Gott Jakobs ist unser Schutz.

Dieses Lied beschreibt eine schwierige Situation: Die Stadt Jerusalem wird belagert. Davon redet die zweite Strophe. In ihr wird das Vertrauen zum Ausdruck gebracht, dass Jerusalem nicht eingenommen wird, denn dort ist der Tempel des Herrn. Am Rande können wir uns die Frage stellen, ob das ein gutes Argument ist. Immerhin hat der Prophet Jeremia sich mit Leuten auseinandergesetzt, die in einer ähnlichen Lage Parolen verkündeten, welche falsche Sicherheit erzeugten: »Hier, in Jerusalem, ist der Tempel des Herrn!« (Jeremia 7,4) – »Verlasst euch nicht darauf«, hat Jeremia gewarnt, »sondern bessert euer Leben, handelt gerecht, dann wird Gott bei euch wohnen« (Jeremia 7,5-7). Doch die Situation, in welcher der 46. Psalm entstand, war eine andere: Die Einwohner Jerusalems bildeten sich offenbar nichts auf ihre eigene militärische Stärke und Cleverness ein, sondern sahen sich »großen Nöten« ausgesetzt.
Diese Situation wird in der zweiten Strophe des Psalms in einer »realisti-

schen« Sprache beschrieben, in der ersten Strophe hingegen in einer mythologischen Bildersprache. Das Chaos, das fremde Truppen ins Land bringen, wird dort mit einer Wasserflut verglichen. Sie greift selbst nach den Bergen, den Orten der Sicherheit. Diese Bildersprache ist schon sehr alt. Wir finden sie auch in anderen biblischen Texten (z.B. in der Erzählung von der Erschaffung der Welt in 1.Mose 1 oder in der Sintfluterzählung in 1.Mose 6-9). Sie hat bereits eine vorbiblische Tradition. Völker im Umkreis des alten Volkes Israel haben Mythen und Lieder gekannt, welche eine ähnliche Bildersprache benutzten. So nimmt die erste Strophe unseres Liedes wahrscheinlich auf eine alte Erzählung von der Erschaffung der Welt Bezug. Eine gekürzte Rekonstruktion steht in der ersten Spalte des Arbeitsblattes »Stationen eines Liedes«. Sie enthält schon einige Bilder, die wir dann auch im 46. Psalm antreffen. Welche?

Arbeitsblatt
Wir vergleichen die erste und zweite Spalte der Tabelle miteinander.
Im Vergleich fällt auf, dass die dritte Strophe des 46. Psalms über das hinausgeht, was uns aus Erzählungen und Liedern anderer Völker bekannt ist. Hier wird vom Gott Israels gesagt, dass er selber Krieg für sein Volk führt: einen »heiligen Krieg«.
Das wirft ein grundsätzliches Problem auf: Ist es berechtigt, von der Bibel her eine Theorie des heiligen Krieges zu entwickeln? Können Kriege überhaupt heilig sein? Von der Bibel her ist soviel klar: Gott hilft seinem Volk nur in Notsituationen. Daher kann kein Angriffskrieg den Anspruch erheben, heilig zu sein. Wichtiger ist wohl noch: Gottes Hilfe besteht nicht in der Vernichtung der Feinde, sondern der Waffen (Vers 10).
Am Schluss des Liedes wird eine Selbstaussage Gottes zitiert: »Ich will der Höchste sein.« Auch hier muss man fragen: Gilt das nur für den Kampf mit anderen Völkern und ihren Göttern? Ist es nicht auch eine Anrede Gottes an sein Volk? Beinhaltet sie nicht die Forderung, ihn anzuerkennen und seinen Willen zu tun?
Wir merken: Der 46. Psalm bewegt sich an der Grenze zwischen einer »Theologie der Stärke«, welche Gott für nationalistische Ziele in Anspruch nimmt und einer »Theologie des Vertrauens«, nach der Gott der Helfer Israels ist, weil er sein Herr ist. Nur wo er als Herr anerkannt wird, wird er auch helfen. Wenn wir den 46. Psalm *so* lesen, kann er auch für uns zu einer Hilfe werden, wenn wir schwach sind und angegriffen werden.

3. Ein feste Burg

Bemerkungen zum Lied und Textvergleich
So jedenfalls hat auch Martin Luther den Psalm gelesen – und nachgedichtet. Als Ergebnis entstand das Lied »Ein feste Burg ist unser Gott« (EG 362). Luther schrieb es wahrscheinlich im Jahr 1529, in einer schwierigen Zeit. Die reformatorische Bewegung hatte mit Widerständen zu kämpfen, und er selbst fühlte sich nicht recht gesund. In dieser Lage greift er auf biblische Überlieferung zurück, aber er »übersetzt« sie entschlossen in seine Zeit und Welt.

Arbeitsblatt
Wir vergleichen jetzt Luthers Lied und den 46. Psalm miteinander. In die dritte Spalte unseres Textblattes tragen wir unsere Beobachtungen ein: An die Stelle der fremden Völker, die Jerusalem bedrohen, sind für Luther die Vertreter des »alt bösen Feindes« getreten: Papst, Kaiser und anti-reformatorische Fürsten. Die Reformation hat aus eigener Kraft nicht viel dagegen zu setzen: »mit unsrer Macht ist nichts getan« – jedoch: »ein Wörtlein kann ihn fällen«, Gottes Wort, das die Reformation neu entdeckt hat. So ist es kein Zufall, dass Luther sein Vertrauen nicht auf Jerusalem oder die Kirche gründet, sondern *nur noch* auf Gott selbst.
Der Vergleich zeigt, wie sehr Luther sich vom 46. Psalm entfernt hat – bei der Beschreibung der konkreten Lage, der er sich gegenüber sah. Doch die »Theologie des Vertrauens«, die wir schon im Psalm gefunden haben, bildet den Grundton von »Ein feste Burg«.
Allerdings muss man, wie schon gegenüber dem 46. Psalm, auch Luthers Lied gegenüber kritisch sein: ökumenisch ist es nicht!

4. Lasst uns nicht nur Klagelieder singen!

Übung und Gespräch
Wir haben die Entstehung des 46. Psalms und des Liedes »Ein feste Burg« über mehrere Stationen verfolgt. Wir wollen jetzt versuchen, diese Liedgeschichte »fortzuschreiben«. Auch wir können manches Lied singen von Nöten, die uns getroffen haben, von Situationen, in denen wir schwach waren und angegriffen wurden. Der 46. Psalm kann uns helfen, dass wir nicht nur Klagelieder über unsere Nöte singen, sondern dass wir auch uns selbst und anderen deutlich machen, worauf sich unser Vertrauen gründet.

Die Bilder, welche der Psalm benutzt, können zu Ausdrucksmitteln werden, unsere Schwächen und Nöte zu beschreiben. Die »Theologie des Vertrauens«, die aus dem 46. Psalm spricht, kann uns anregen, nicht nur Klagelieder zu singen, sondern auch herauszufinden und zum Ausdruck zu bringen, worauf wir unser Vertrauen setzen.

Arbeitsblatt
Wir wollen das jetzt versuchen. In der vierten Spalte unseres Textblattes sind einige Anfänge gemacht. Wir vervollständigen jetzt die Sätze – zunächst alle TeilnehmerInnen für sich allein, danach teilen wir uns die Ergebnisse mit.

5. Ein feste Burg ist unser Gott

Zum Abschluss singen wir: »Ein feste Burg ist unser Gott«

Materialanhang

Kopiervorlage Arbeitsblatt »Stationen eines Liedes«
Kopiervorlage Psalm 46 (vorlaufend)

Notizen zur Vorbereitung

Gott ist unsere Zuversicht und Stärke – Stationen eines Liedes

Aus Mythen und Liedern von Israels Nachbarvölkern	Ein Lied des Volkes Israel: Psalm 46	Luthers Lied "Ein feste Burg ist unser Gott"	Ein Lied von Nöten und Vertrauen, das wir singen könnten
Als die Götter die Welt geschaffen und geordnet hatten, ließen sie sich im Mittelpunkt der Erde auf dem Götterberg nieder. Die Fluten des Chaos erreichen sie dort nicht.	2 Gott ist unsre Zuversicht und Stärke, eine Hilfe in den großen Nöten, die uns getroffen haben. 3 Darum fürchten wir uns nicht, wenngleich die Welt unterginge und die Berge mitten ins Meer sänken. 4 Wenngleich das Meer wütete und wallte und von seinem Ungestüm die Berge einfielen.		Wenn alles um mich her zusammenbricht ... Wenn mir das Wasser bis zum Halse steht ...
Unter dem Schirm und Schatten der Götter können wir gut leben.	*Der Herr Zebaoth ist mit uns, der Gott Jakobs ist unser Schutz.*		
Vom Götterberg fließen Ströme von Wasser in gebändigter Form. Sie tränken die Erde, Menschen und Tiere.	5 Darum soll die Stadt Gottes fein lustig bleiben mit ihren Brünnlein, da die heiligen Wohnungen des Höchsten sind. 6 Gott ist bei ihr drinnen, darum wird sie fest bleiben. Gott hilft ihr früh am Morgen. 7 Die Heiden müssen verzagen und die Königreiche fallen, das Erdreich muß vergehen, wenn er spricht.	Nicht Jerusalem oder die Kirche ist unsere Burg, sondern Gott selbst. Wer ist "der alt böse Feind"?	Manche sagen: My home is my castle." Sie schließen ihre Tür und ... Ich aber ...
Unter dem Schirm und Schatten der Götter können wir gut leben.	*8 Der Herr Zebaoth ist mit uns, der Gott Jakobs ist unser Schutz.*		
	9 Kommt her und seht die Werke des Herrn, der auf Erden solch ein zerstören anrichtet, 10 der Bogen zerbricht, Spieße zerschlägt und Wagen mit Feuer verbrennt. 11 "Seid still und erkennt, daß ich Gott bin! Ich will der Höchste sein unter den Heiden, der Höchste auf Erden!"	Dessen Waffen: Unsere Waffen:	Manche verlassen sich auf das, was sie für ihre Waffen halten: ... Ich aber ...
	12 Der Herr Zebaoth ist mit uns, der Gott Jakobs ist unser Schutz.		

Psalm 69 –
Das Wasser steht mir bis zum Halse

Chagall, Marc   Radierung zum 143. Psalm © VG Bild-Kunst, Bonn 2002

Sie benötigen:
- *das Evangelische Gesangbuch (EG);*
- *Kopien mit dem vollen Text des 69. Psalms*
- *Kopie der Radierung von Marc Chagall zum 143. Psalm (Aus: Marc Chagall, Klaus Mayer, Psalmen in Bildern, Echter Verlag Würzburg, 1995, S. 63)*

1. Das Wort »Klagen«

Wortbedeutung und Verknüpfungen

Eine verbreitete Tätigkeit, über die jedoch selten nachgedacht wird, ist das Klagen. Heute wollen wir uns damit etwas intensiver beschäftigen. Wir beginnen, indem wir uns klarmachen, welche verschiedenen Gesichtspunkte wir mit dem Wort »klagen« verbinden. Dazu sammeln wir Worte, die von »klagen« oder »Klage« abgeleitet sind. Also: anklagen, beklagen, wehklagen, Angeklagter, Klagemauer, kläglich ... Ihnen fallen sicher noch mehr ein. Wir notieren die Worte an der Wandtafel oder auf der Flipchart. Sie machen deutlich, welch breites Bedeutungsspektrum das Wort »klagen« hat. Klagen sind Ventile, die wir öffnen, um uns Luft zu machen. Wer klagt, kann Trauer und Wehleid zum Ausdruck bringen, aber auch Ärger, Wut, Protest, Vorwürfe. Manche, die klagen, wirken »kläglich«, doch kann eine Anklage auch eine Auseinandersetzung eröffnen.

2. Warum klagen wir?

Anstoß und Gespräch

Wenn wir klagen, verfolgen wir damit immer eine Absicht, selbst wenn sie uns nicht bewusst ist. Wir überlegen gemeinsam: Bei welchen Gelegenheiten klagen wir? Was wollen wir damit erreichen? Wozu dient unsere Klage?

3. Ein Klagepsalm

Die Bibel enthält eine Anzahl von Klageliedern. Eines von ihnen ist Psalm 69.

Lesung
Wir lesen zunächst die Kurzfassung, die das EG enthält (Nr 731).
Dabei achten wir auf die Bilder, mit denen der Dichter des Psalms seine Situation beschreibt:

- Das Wasser geht mir an die Kehle.
- Ich versinke in tiefem Schlamm, wo kein Grund ist.
- ... dass mich die Flut nicht ersäufe.
- das Loch des Brunnens.

Anstoß und Gespräch
- Was bringen diese Redewendungen zum Ausdruck?
- In unserer Umgangssprache gibt es ähnliche. Welche?

(»Mir steht das Wasser bis zum Halse.« – »eine Schlammschlacht führen« – »jemanden mit Schmutz bewerfen« – »den Boden unter den Füßen verlieren« – »ins Schwimmen geraten«)

Information
Wir merken: Der Psalm spricht eine Bildersprache, die auch wir gelegentlich benutzen, um unangenehme Erfahrungen auszudrücken. Diese Bildersprache redet von der Bedrohung der Existenz, der Überwältigung eines Menschen durch das Chaos.
Die Menschen im alten Volk Israel benutzten oft das Bild von der Wasserflut, um das Chaos zu beschreiben, welches das Leben bedroht: das Leben einzelner Menschen und die gesamte Schöpfung. So konnte Gottes Schöpfungshandeln als die Bändigung des Chaos, die Bändigung der Urflut, beschrieben werden. In Israel wusste man aber auch: Immer wieder greift das Chaos nach der Welt und bedroht die Schöpfung. Die Sintflutsage erzählt von dieser Bedrohung der gesamten Schöpfung. Und Psalm 69 spricht sozusagen von einer »kleinen Sintflut«: von dem Chaos, das nach einem Menschen greift und ihn zu verschlingen droht.
Das Chaos kann viel Gestalten haben. Ein Übermaß an Arbeit, die wir nicht bewältigen können, eine Ehe- oder Familienkrise, eine schwere Krankheit. Viele unübersichtliche Lebenssituationen empfinden wir als chaotisch und bedrohend – und oft sind sie es auch. Sicher haben wir alle schon einmal die eine oder andere »chaotische« Situation erlebt. Wir wollen aber jetzt einmal darauf achten, wodurch die chaotische Situation ausgelöst worden ist, in der sich der Dichter des Psalms befand.

4. »Errette mich vor denen, die mich hassen«

Arbeitsblatt Psalm 69
Dazu müssen wir den Psalm möglichst ungekürzt lesen. Die Fassung des Psalms, welche das EG bietet, ist nämlich nur eine Auswahl einzelner Verse. Wir benutzen für den folgenden Gesprächsgang ein Arbeitsblatt, welches fast den gesamten Psalm 69 enthält (außer Vers 1 und 31-37). Die Versauswahl des EG ist kursiv gesetzt. So können wir leicht erkennen, was bei der Kürzung für die Textfassung im Gesangbuch weggelassen wurde: alles nämlich, was der Psalmdichter über die Ursache seiner chaotischen Situation sagt. Wodurch ist diese verursacht?

Wenn wir einfach dem Gedankengang des Psalms folgen, stellen wir fest:
1. Der Psalmdichter wird von irgendwelchen Personen gehasst (Vers 5, 15).
2. Der Grund dafür scheint zu sein: Er hat sich für Gott eingesetzt (Vers 8), insbesondere für Gottes Haus, den Tempel (Vers 10).
3. Doch er hat scheinbar auch Fehler gemacht (Vers 6); ob bei seinem Engagement für Gott und den Tempel, wird nicht ganz deutlich.
4. Er vollzieht jetzt Bußübungen (Vers 11-12).
5. Dennoch wird in der Öffentlichkeit über ihn geredet und gespottet (Vers 13).
6. Seine Familie hat sich von ihm distanziert (Vers 9).
7. Seine Gegner machen ihm das Leben schwer (Vers 22).
8. Daher verflucht er sie und bittet Gott, ihnen alles nur denkbare Böse anzutun (Vers 23-30).

Die Feinde des Psalmdichters
Diese Passagen, in denen der Psalmdichter über seine Feinde spricht, sollen uns jetzt besonders interessieren.

»Ihr Tisch werde ihnen zur Falle, zur Vergeltung und zum Strick.
Ihre Augen sollen finster werden, daß sie nicht sehen,
und ihre Hüften laß immerfort wanken.
Gieß deine Ungnade über sie aus,
und dein grimmiger Zorn ergreife sie.
Laß sie aus einer Schuld in die andere fallen,
daß sie nicht kommen zu deiner Gerechtigkeit.
Tilge sie aus dem Buch des Lebens!«

Das sind nun wirklich keine frommen Wünsche. Kein Wunder, dass sie für das Gesangbuch ungeeignet schienen. Kann man einer christlichen Gemeinde solche Worte in den Mund legen? Aus solchen Erwägungen heraus bietet unser Gesangbuch nur eine fromme Verkürzung des Psalms.

Vor Gott kann ich ehrlich reden
Aber gerade diese ausgelassenen Sätze verdienen Beachtung! Denn der Psalmdichter schreit hier seine ganze Angst und Enttäuschung, seinen Ärger und seine Wut heraus. Er wagt es, Gott all das entgegen zu schleudern. Vielleicht können gerade diese Verse des Psalms für uns eine Glaubens- und Lebenshilfe sein? Die Offenheit, in welcher der Psalmdichter spricht, ist nämlich Ausdruck eines unerhörten Gottvertrauens: Vor Gott kann ich ehrlich reden. Da muss ich mich nicht verstellen. Vielleicht ist das frömmer, als es auf den ersten Blick scheint? Vielleicht ist das ein Ausdruck tiefster Frömmigkeit?
Auf uns bezogen bedeutet es: Wenn ich mit Gott rede, muss ich nicht »dogmatisch« beten. Wie viele Gebete in der Kirche enthalten zwar pure Dogmatik, bringen aber überhaupt nicht zum Ausdruck, was uns bewegt? Welches ist die bessere, aufrichtigere Weise zu beten? Wenn ich mit Gott rede, muss ich auch nicht immer ausgewogen und überlegt reden. Ich kann auch ungeordnete Gedanken beten, auch Emotionen aussprechen, die mir anderen Menschen gegenüber peinlich sind.

Die Vernichtung der Feinde: ein unchristlicher Wunsch?
Ist das, was in Psalm 69 über die Feinde des Psalmdichters gesagt wird, nicht geradezu unmoralisch? Darf man so über andere Menschen reden? Darf man ihnen so etwas wünschen? Ist das nicht unchristlich und unethisch?
Mehrere Psalmen sprechen so von Feinden der Psalmbeter. Das zeigt nur, dass Glaube nicht Hand in Hand gehen muss mit Frieden und Harmonie. Im Gegenteil: Oft führt er in Auseinandersetzungen und Streit hinein, oft sind mit ihm schmerzhafte Konsequenzen verbunden. Die Psalmen entwerfen also nicht eine ideale Welt, sondern reden aus der realen Welt heraus. Zu dieser realen Welt gehört auch Feindschaft zwischen Menschen. Allerdings müssen wir uns davor hüten, aus den Aussagen der Psalmen über die Feinde der Glaubenden und Gerechten das Recht abzuleiten, Menschen, die anders denken und leben als wir, den Kampf anzusagen.
Wenn die Psalmen von Feinden reden, müssen wir nicht automatisch an Personen mit Namen, Gesicht und Adresse denken. Wir haben ja auch an-

dere, unpersönliche Feinde. Selbst ganz friedliche und umgängliche Leute haben solche Feinde: Alle Phänomene, die uns das Leben schwer machen, uns belästigen, behindern, Furcht machen und gefährden, sind unsere »Feinde«. Dazu zählen auch: Krankheiten, Gewalt auf der Straße, Arbeitslosigkeit, ökologische Gefahren ...

Anstoß und Gespräch
Wovon fühlen Sie sich bedroht? Was fürchten Sie? Solchen Phänomenen »alles Schlechte« zu wünschen, ist doch wohl nicht verkehrt?

Qualifiziert klagen
Zurück zum Anfang. Das Klagen erfüllt in unserem Leben unterschiedliche Aufgaben. Der Psalm 69, ein Klagepsalm, bestätigt das. Hier spricht ein Mensch seine Not aus, sagt, was ihm das Leben schwer macht. Doch dabei bleibt es nicht. Aus der Klage wird eine Beschwerde, eine Anklage. Der Klagende wird zum Kläger. Der Psalm ist ein gutes Beispiel dafür, dass Klagen im Sinn der Bibel nicht nur heißt, klagend hinzunehmen, was wir nicht ändern können, sondern auch Veränderung einzuklagen, wo sie möglich ist. Und eine an der Bibel orientierte Frömmigkeit schließt sogar ein, dass wir Menschen als Kläger vor Gott treten.
Wovor wir uns aber hüten müssen, ist das Klagen um jeden Preis und bei jeder Gelegenheit. Sehr viele Menschen klagen heute, obwohl sie eigentlich gar keinen Grund zum Klagen haben. Das führt zu einer »Inflation des Klagens«, zu Wehleidigkeit und Selbstmitleid. Was wir von den biblischen Klagepsalmen lernen können, ist das »qualifizierte Klagen« – ein Klagen, das beklagenswerten Lebensumständen entspricht und dann aber auch »kein Blatt vor den Mund nimmt«.

Ein Ruf aus der Tiefe
Wir betrachten eine Radierung von Marc Chagall.

Bildbetrachtung
Hier ruft ein Mensch aus der Tiefe heraus. Er trägt eine Krone – doch die scheint ihm in seiner Lebenslage nichts zu nützen. Vielleicht will Chagall ja nur daran erinnern, dass viele Psalmen dem König David zugeschrieben werden. Doch er macht auch deutlich: Jeder, selbst der Größte, gerät einmal in die Tiefe »wo kein Grund ist«. Der Klagende streckt seine Hände nach oben, und den Schrei, den er ausstößt, können wir deutlich sehen. Links oben sind auch seine Feinde zu sehen – ein ganzes Heer, das auf den

einen Menschen in der Tiefe einstürmt. Wir können uns überlegen, was in letzter Zeit auf uns eingestürmt ist. Der da aus der Tiefe schreit, ist jedenfalls in Gefahr, niedergeritten zu werden, überwältigt zu werden von denen, die ihm Böses wollen.

Doch da sind auch Zeichen der Hoffnung, Orte der Anrufung. Der Mensch in der Tiefe hat etwas, woran er sich wenden kann. Über ihm schwebt ein Engel und rechts oben sehen wir einen Davidsstern. An diese beiden Hoffnungsträger wendet sich die Klagegeste, die erhobenen Arme: Gott, hilf mir heraus!

Am rechten Bildrand steht ein Baum als Hinweis darauf, dass der Gerechte ist »wie ein Baum, gepflanzt an den Wasserbächen«. In Situationen, wo uns »das Wasser bis zum Halse steht«, können wir daran kaum glauben. Und doch gehört zum Klagegebet als Begleiter auch die Hoffnung, dass Gott uns nicht in der Tiefe lässt.

5. »Aus tiefster Not schrei ich zu dir«

»Aus tiefer Not schrei ich zu dir« (EG 299), Martin Luthers Nachdichtung eines anderen Klageliedes, des 130. Psalms. Wir singen gemeinsam alle Strophen.

Materialanhang

Kopiervorlage Psalm 69
Bildabdruck Marc Chagall, Radierung zum 143. Psalm (einleitend)

Notizen zur Vorbereitung

Psalm 69

2 Gott, hilf mir! Denn das Wasser geht mir bis an die Kehle.
3 Ich versinke in tiefem Schlamm, wo kein Grund ist; ich bin in tiefe Wasser geraten, und die Flut will mich ersäufen.
4 Ich habe mich müde geschrien, mein Hals ist heiser. Meine Augen sind trübe geworden, weil ich so lange harren muß auf meinen Gott.
5 Die mich ohne Grund hassen, sind mehr, als ich Haare auf dem Haupt habe. Die mir zu Unrecht feind sind und mich verderben wollen, sind mächtig. Ich soll zurückgeben, was ich nicht geraubt habe.
6. Gott, du kennst meine Torheit, und meine Schuld ist dir nicht verborgen.
7 Laß an mir nicht zuschanden werden, die deiner harren, Herr, Herr Zebaoth!
8 Denn um deinetwillen trage ich Schmach, mein Angesicht ist voller Schande.
9 Ich bin fremd geworden meinen Brüdern und unbekannt den Kindern meiner Mutter;
10 denn der Eifer um dein Haus hat mich gefressen, und die Schmähungen derer, die dich schmähen, sind auf mich gefallen.
11 Ich weine bitterlich und faste, und man spottet meiner dazu.
12 Ich habe einen Sack angezogen, aber sie treiben ihren Spott mit mir.
13 Die im Tor sitzen, schwatzen von mir, und beim Zechen singt man von mir.
14 Ich aber bete zu dir, Herr, zur Zeit der Gnade; Gott, nach deiner großen Güte erhöre mich mit deiner treuen Hilfe.
15 Errette mich aus dem Schlamm, daß ich nicht versinke, daß ich errettet werde vor denen, die mich hassen, und aus den tiefen Wassern;
16 daß mich die Flut nicht ersäufe und die Tiefe nicht verschlinge und das Loch des Brunnens sich nicht über mir schließe.
17 Erhöre mich, Herr, denn deine Güte ist tröstlich; wende dich zu mir nach deiner großen Barmherzigkeit
18 und verbirg dein Angesicht nicht vor deinem Knechte, denn mir ist angst; erhöre mich eilends. Nahe dich zu meiner Seele und erlöse sie, erlöse sie um meiner Feinde willen.
20 Du kennst meine Schmach, meine Schande und Scham; meine Widersacher sind dir alle vor Augen.
21 Die Schmach bricht mir das Herz und macht mich krank. Ich warte, ob jemand Mitleid habe, aber da ist niemand, und auf Tröster, aber ich finde keine.

22 Sie geben mir Galle zu essen und Essig zu trinken für meinen Durst.
23 Ihr Tisch werde ihnen zur Falle, zur Vergeltung und zum Strick.
24 Ihre Augen sollen finster werden, daß sie nicht sehen, und ihre Hüften laß immerfort wanken.
25 Gieß deine Ungnade über sie aus, und dein grimmiger Zorn ergreife sie.
26 Ihre Wohnstatt soll verwüstet werden und niemand wohne in ihren Zelten.
27 Denn sie verfolgen, den du geschlagen hast und reden gern von dem Schmerz dessen, den du hart getroffen hast.
28 Laß sie aus einer Schuld in die andere fallen, daß sie nicht kommen zu deiner Gerechtigkeit.
29 Tilge sie aus dem Buch des Lebens, daß sie nicht geschrieben stehen bei den Gerechten.
30 Ich aber bin elend und voller Schmerzen. Gott, deine Hilfe schütze mich!

Lutherbibel, revidierter Text 1984,
© 1985 Deutsche Bibelgesellschaft Stuttgart

Psalm 92 –
Du lässt mich grünen und blühen

Chagall, Marc   Radierung zum 40. Psalm © VG Bild-Kunst, Bonn 2002

Sie benötigen:
- *Texte für die Lieder zum Beginn*
- *das Evangelische Gesangbuch (EG)*
- *Kopie der Radierung von Marc Chagall zum 40. Psalm (aus: Marc Chagall, Klaus Mayer, Psalmen in Bildern, Echter Verlag Würzburg, 1995, S. 39), am besten auf Folie zur Betrachtung mit dem OHP oder auch auf Blättern für die TeilnehmerInnen*

1. Einstieg mit Gesang

Wir singen zur Eröffnung zwei oder drei möglichst verschiedenartige Lieder, z.B. »Winter ade« und »Ich weiß nicht, was soll es bedeuten«.

2. Wann singen wir?

Anstoß und Gespräch
Wir werden feststellen: Gesungen wird bei unterschiedlichsten Gelegenheiten. Entsprechend gibt es viele verschiedenartige Lieder. Auf Wandtafel oder Flipchart notieren wir, was für Lieder es gibt: Volkslieder, Frühlingslieder, Weihnachtslieder, Erzähl-Lieder, Scherzlieder, Schlager, Nationalhymnen, Wanderlieder, Marschlieder, Protestsongs, Choräle, Trauergesänge, Arien, Liebeslieder, Klagelieder – und noch manche mehr. Machen Sie sich die Mühe, so viele wie möglich zusammenzutragen.
Vielleicht ist auch das Stichwort »Loblieder« darunter. Wenn nicht, führen Sie es nach einer angemessenen Zeit ein.
Unser Kirchengesangbuch enthält eine Anzahl von Loblieder. Am bekanntesten ist wohl: »Lobe den Herren, den mächtigen König der Ehren«. Aber es gibt noch viele andere (»Lobe den Herren, o meine Seele«, »Lob Gott getrost mit Singen«, »Ich lobe dich von ganzer Seelen«, »Laudate omnes gentes«, Lobt Gott, ihr Christen, alle gleich«, usw.).

3. Wann, wen, was, warum loben wir?

Anstoß und Gespräch
Nachher wollen wir uns mit einem Loblied beschäftigen. Dazu überlegen wir zunächst: Wann, wen und was loben wir bei alltäglichen Gelegenheiten?

Wir stellen vielleicht fest:

Wir loben
– Leute, die etwas gut gemacht haben.
Dies kann ein echter Ausdruck von Dankbarkeit, Freude und Zufriedenheit sein. Es kann aber auch signalisieren, dass wir kompetent genug sind, andere zu beurteilen.

Wir loben insbesondere
– Kinder, um sie zu ermutigen;
– Kranke oder Behinderte, um ihnen Mut zu machen.

Wenn wir dabei nicht sensibel und ehrlich uns selbst gegenüber sind, kann es passieren, dass unser Lob von einer »hohen Warte« aus kommt: Wir haben das Gefühl, über denen zu stehen, die wir loben. Denn wir sind ja Erwachsene, wir sind nicht krank, nicht behindert. Unser Lob soll denen, an die es sich richtet, zwar Bestätigung geben und ist sicher gut gemeint, aber es kommt aus der Position von Leuten, die es sich leisten können andere zu beurteilen – und zwar nicht nur kritisch sondern auch gut.

Wir loben
– das Essen, wenn wir irgendwo zu Besuch sind.
Dies ist ein Beispiel für »gutes«, angepasstes Verhalten. Wir wissen, dass wir als Gast unseren Gastgebern Lob »schuldig« sind und verhalten uns entsprechend.

Wir loben mitunter
– uns selbst.
Der Volksmund sagt zwar: »Eigenlob stinkt«. Wir praktizieren es dennoch, das Eigenlob. Oft genug haben wir das Gefühl, wir müssten uns in Szene setzen, damit andere uns wahrnehmen, uns die gebührende Achtung entgegenbringen, uns bewundern. Eigenlob ist also eine Ersatzhandlung für Lob, das andere uns versagen.

Gelegentlich praktizieren wir eine ganz hinterhältige Form des Lobes:
– Wir loben andere Leute *fort*.
– Wir loben Personen, die eine bestimmte Funktion ausüben, so lange, bis sie befördert werden: auf eine Stelle, an der sie uns weniger stören.
Alle diese Beispiele zeigen, dass wir nicht immer nur mit reinem Herzen

loben. Im Gegenteil. Wenn wir Menschen loben, tun wir das aus unterschiedlichsten Motiven. Oft ist dabei eine gute Portion Eigeninteresse im Spiel. Oft benutzen wir das Lob, um uns groß und andere klein zu machen.

Beispiel
Ich hatte ein Seminar zu leiten, zu dem ein Professor als Redner eingeladen war. Er hatte viele nette Seiten – nur etwas störte mich an ihm. Er lobte mich dauernd: »Herr B. meint, wir sollten mal eine Pause machen. Ich finde das gut.« – »Herr B. meint, wir sollten jetzt einen Diskussionsrunde einlegen. Ein guter Vorschlag.« – »Wie Herr B. eben richtig gesagt hat ...« Warum störten mich diese ständigen Belobigungen? Nach längerer Zeit erst wurde es mir klar: Unser Gastredner brachte sich damit in eine Position, aus der er mich beurteilte – gut zwar, aber er beurteilte mich eben. Er stellte sich damit über mich und klopfte mir von einer hohen Warte aus anerkennend auf die Schulter. Eigentlich eine raffinierte Art, sich selber groß und mich, den Seminarleiter, klein zu machen. Ich glaube allerdings, dass dieser Herr das gar nicht bewusst tat. Ich hatte eher den Eindruck, dass er ein Verhalten praktizierte, das er im Laufe seiner akademischen Karriere erlernt hatte, das sich dort als nützlich erwiesen hatte. Ihm war es in Fleisch und Blut übergegangen, so dass er es laufend unbewusst praktizierte. Lob als Mittel auf dem Weg zum eigenen Erfolg.

4. Biblisches Loblied: Psalm 92

Lesung
Eine leicht gekürzte Fassung steht im Evangelischen Gesangbuch 747. Es empfiehlt sich, diese Version zu verwenden, da hier die Äußerungen über die Feinde des Psalmbeters gestrichen sind. Diese behandeln wir besser in einem anderen Zusammenhang.

Aufbau des Psalms und theologische Informationen
Er beginnt mit einer Art »Aufgesang« (Vers 2-4), in dem der Psalmsänger zum Ausdruck bringt, was er jetzt tun will: nämlich zum Spiel von Saiteninstrumenten »Lob singen«.
Auf diesen Aufgesang folgt das eigentliche Loblied. Seinen Gedankengang können wir im Gruppengespräch analysieren, doch ist dabei theologische Information notwendig, die Sie geben müssen:
In dem Loblied werden »Gottlose« und »Gerechte« gegenübergestellt.

Gerechtigkeit im biblischen Sinn ist ein Beziehungsbegriff. Er beschreibt das Verhältnis zwischen Partnern, vor allem zwischen Gott und Mensch. Gerecht sein heißt: sich an Gott zu orientieren, sich an ihn zu halten. Dies drückt sich auch im richtigen ethischen Verhalten aus, doch erschöpft der biblische Gerechtigkeitsbegriff sich nicht in Ethik. Er beschreibt vielmehr die richtige Art, an Gott zu glauben und diesen Glauben in alltägliches Verhalten umzusetzen.

Umgekehrt sind die »Gottlosen« keine Atheisten – denn in biblischer Zeit gab es keinen Atheismus. Die Gottlosen sind vielmehr Menschen, die sich von Gott abkehren, sich nicht an seinem Willen orientieren und nach ihren eigenen Maßstäben leben. Sie sind »sich selbst am nächsten«.

Im 92. Psalm werden die Gottlosen mit Gras verglichen, der Gerechte mit einem Baum. Beide grünen – doch Gras und Kraut grünt und blüht nicht lange. Ein Palmbaum oder eine Libanonzeder aber wachsen und grünen viele Jahre lang. »Und wenn sie auch alt werden, werden sie dennoch blühen, fruchtbar und frisch sein.« Das ist von Bäumen gesagt und gilt zugleich für Menschen: Alt werden ist keine Schande, sondern ein Geschenk. Auch alte Menschen können grünen und blühen und auf diese Weise Gott loben – durch ihr Leben, durch ihre Existenz. Denn ihre Existenz ist ein sichtbarer Ausdruck von Gottes Güte, ein Hinweis darauf, dass es sich lohnt, sich zu Gott zu halten. So ist der Psalmbeter im Grunde selber ein Argument für Gottes Güte, ein Ausdruck seiner Werke, von denen in Vers 5 gesagt wird, sie seien »groß«.

Warum kann der Gerechte grünen wie ein Baum? Einen Hinweis darauf gibt Vers 14. Hier werden Menschen, die sich an Gott halten, mit den Bäumen verglichen, die »in den Vorhöfen unseres Gottes grünen« – im Tempel von Jerusalem also. Wer im Bereich Gottes lebt, ihm nahe steht und nahe bleibt, kann grünen und blühen.

Gepflanzt an den Wasserbächen
Wir betrachten eine Radierung von Marc Chagall zum 40. Psalm

Bildbetrachtung
Sie enthält Bildelemente, die uns auch im 92. Psalm begegnet sind: Im Vordergrund sitzt ein Mann, er hat die Hände erhoben. Zum Gebet? In staunender Bewunderung? Um die Lektüre der Tora mit rhythmischen Handbewegungen zu begleiten? Vor ihm, aufgeschlagen, liegt jedenfalls die Tora und sein Blick geht in ihre Richtung. Aus ihr bezieht er Orientie-

rung für sein Leben. Neben ihm sitzt eine weitere, kleinere Gestalt. Sie ist über eine Tora-Rolle gebeugt und lauscht in sie hinein. Ganz rechts steht ein Baum, wie »...gepflanzt an den Wasserbächen« (Psalm 1,3), »gepflanzt im Hause des Herrn« (Psalm 92,14). Der Herr: verborgen im Hintergrund, hinter Wolken. Ein verborgener Gott. Doch seine Hand ist sichtbar. Sie zeigt auf den Menschen, der in der Tora liest, aus ihr Weisung bezieht. So wird die Beziehung angedeutet, die zwischen Gott und dem Menschen besteht, der sich an ihn hält.

5. Das ist köstlich, dir zu sagen Lob und Preis

Wir singen entweder eine der beiden Nachdichtungen des Psalm 92, die das Evangelische Gesangbuch enthält (»Das ist köstlich, dir zu sagen Lob und Preis«, EG 284, oder »Das ist ein köstlich Ding, dem Herren danken und lobsingen deinem Namen«, EG 285) oder ein anderes Loblied.

Materialanhang

Bildabdruck Marc Chagall, Radierung zum 40. Psalm (einleitend)

Notizen zur Vorbereitung

Psalm 103 – Vergiss das Gute nicht!

Psalm 103

Lobe den Herrn, meine Seele, und was in mir ist seinen heiligen Namen!
Lobe den Herrn meine Seele, und vergiß nicht, was er dir Gutes getan hat:
der dir alle deine Sünde vergibt und heilet alle deine Gebrechen,
der dein Leben vom Verderben erlöst, der dich krönet mit Gnade und Barmherzigkeit,
der deinen Mund fröhlich macht, und du wieder jung wirst wie ein Adler.

Der Herr schafft Gerechtigkeit und Recht allen, die Unrecht leiden.

Barmherzig und gnädig ist der Herr, geduldig und von großer Güte.
Er wird nicht für immer hadern noch ewig zornig bleiben.
Er handelt nicht mit uns nach unseren Sünden und vergilt uns nicht nach unserer Missetat.
Denn so hoch der Himmel über der Erde ist,
läßt er seine Gnade walten über denen, die ihn fürchten.
So fern der Morgen ist vom Abend, läßt er unsere Übertretungen von uns sein.
Wie sich ein Vater über Kinder erbarmt,
so erbarmt sich der Herr über die, die ihn fürchten.

Psalm 103, 1-13

Lutherbibel, revidierter Text 1984,
© 1985 Deutsche Bibelgesellschaft Stuttgart

Sie benötigen:
- *Wandtafel, Flipchart oder einen großen Bogen Papier*
- *Text des 103. Psalms und des Liedes »Lobe den Herren, den mächtigen König der Ehren«*

1. Eine Selbstaufforderung – und ihre Gründe

Der 103. Psalm wird oft als ein Loblied empfunden. Wir lesen ihn deshalb bei frohen Anlässen, z.B. bei einem Geburtstag. Oder wir singen bei solchen Gelegenheiten das Lied »Lobe den Herren, den mächtigen König der Ehren«, das an diesen Psalm anklingt. Eigentlich aber ist der 103. Psalm nicht ein einfaches Loblied, sondern spiegelt die Auseinandersetzung eines Menschen mit einer schwierigen Situation wieder. Wenn wir ihn so verstehen, können wir unsere eigenen Erfahrungen und den 103. Psalm miteinander ins Gespräch bringen.

Lesung
Wir lesen den Psalm (z.B.: EG 742) und machen uns bewusst: Er beginnt mit einer Selbstaufforderung: »Lobe den Herrn, meine Seele!« Hier spricht also ein Mensch zu sich selbst. Dafür muss es einen Grund geben. Vielleicht ist er in sich gespalten und muss sich selbst gut zureden?

Informationen und Gesprächsanstöße
Auch wir fühlen uns manchmal gespalten. Zum Beispiel, wenn wir eine Entscheidung treffen müssen und nicht genau wissen, wie wir uns entscheiden sollen. In solchen Situationen kann es hilfreich sein, sich eine Liste anzufertigen mit einer Plus- und einer Minusspalte. In die Plusspalte schreiben wir, was für eine bestimmte Entscheidung spricht, welche Vorteile wir von ihr haben, was sie uns an Gutem bringt. Auf die Minusseite kommt das Nachteilige, das Negative, das die anstehende Entscheidung bringen könnte.
Dies Verfahren kann man auch in anderen Situationen anwenden, und es scheint, als ob der Psalmdichter das tut. Er scheint nämlich unter dem Eindruck von Schuld, Krankheit und Todesnähe zu stehen (Vers 3-5); er scheint Unrecht zu leiden (Vers 6); er erfährt gerade Gottes Zorn (Vers 9); vielleicht lebt unter dem Druck einer Schuld, die er auf sich geladen hat (Vers 10) oder macht die Erfahrung von Vergänglichkeit (Vers 14-16). Manchmal drängen sich die negativen Erfahrungen so in den Vordergrund,

dass wir alles Gute, das wir erlebt haben, vergessen. Doch gerade das kann »tödlich« sein. Denn dann besteht die Gefahr, dass wir undankbar und unglücklich werden, dass unser Denken eng wird und wir an Selbstmitleid ersticken. Gegen solche Vergiftung seines Lebens wehrt sich der Dichter des 103. Psalms: Er erinnert sich daran, was auf der Plusseite seines Lebens steht. Das bewahrt ihn vor Resignation, vor Unmut, Verzweiflung, vor weinerlichem Selbstmitleid und vor Vorwürfen, die er dem Leben (also Gott) machen möchte. Das scheint der Sinn seiner Selbstaufforderung zu sein: »Lobe den Herrn, meine Seele!«

2. Was steht auf der Plus-Seite unseres Lebens?

Gesprächsrunde 1
Wir bilden kleine Gruppen von jeweils drei Personen, in denen wir uns einige Minuten lang darüber austauschen, was für Gutes wir am gestrigen Tag erlebt haben. Alle haben diesen Tag anders erlebt, nicht für alle war es vielleicht ein guter Tag, aber selbst böse Tage haben meistens noch irgendetwas Gutes. Also: Was war gestern gut?

Sammlung
Nach einiger Zeit brechen Sie das Gruppengespräch ab und bitten um Stichworte aus den Gruppen. Die notieren wir an der Tafel oder Flipchart, wo bereits die Worte stehen: Vergiss das Gute nicht! Wer seine Stichworte kommentieren möchte, ist dazu eingeladen.

Gesprächsrunde 2
Dann gehen wir in eine neue Runde von Gruppengesprächen in denselben Kleingruppen: »Wenn Sie an das letzte Jahr denken, wird Ihnen auch Negatives und Positives einfallen. War es ein glückliches Jahr? Ein schlimmes Jahr? Gerade in diesem Fall mag es gut sein, wenn wir uns an das Gute erinnern, das wir in diesem Jahr erleben durften. Und wenn es ein gutes Jahr war, haben wir umso mehr Grund, das Gute nicht als etwas Selbstverständliches hinzunehmen, sondern es dankbar zu bedenken.«

Sammlung
Nach einigen Minuten werden die Stichworte aus den Gruppen wieder an Wandtafel oder Flipchart notiert.

Gesprächsrunde 3
Dann gehen wir in die dritte Runde der Gruppengespräche: »Jetzt denken wir noch weiter zurück – so weit wie unsere Erinnerung reicht. Wenn Sie Ihr Leben bedenken – was haben Sie an Gutem erlebt?«

Sammlung
Wieder werden nach angemessener Zeit Stichworte aus den Gruppen notiert.

3. Besinnung auf die Quelle des Guten

Wir betrachten unsere Sammlung von Stichworten: Eine lange Liste von guten Erfahrungen ist da entstanden. Wir können sie noch ein wenig ordnen, dann wird noch etwas deutlicher, wofür wir dankbar sein können. Dies kann im Gespräch mit der Gesamtgruppe geschehen.

Gute Gründe
Manches Gute, das wir erlebt haben, hat mit der Natur zu tun: Schönes Wetter, Blumen, Vögel, die den Frühling ankündigen oder die Farben des Herbstes.
Anderes hat mit anderen Menschen zu tun: Eine gute Ehe, Kinder, an denen man sich freut oder auf die man stolz sein kann, Nachbarschaftshilfe, kleine Aufmerksamkeiten.
Wieder anderes passt unter das Stichwort »Glück im Unglück«: Ein Unfall, der gut überstanden wurde. Eine Krise, die bewältigt wurde.
Manches Gute verdanken wir auch uns selbst: unserem Fleiß, unserer Energie, unseren Einfällen.
Wenn wir aber aufmerksam und ehrlich sind, stellen wir fest: Alles Gute, das wir erleben durften, kommt letzten Endes aus einer Quelle: Es ist Gottes Geschenk. Diese Quelle mag oft verborgen sein, so dass wir sie nicht wahrnehmen. Oft steht anderes im Vordergrund. Zum Beispiel unser Gefühl, »unseres Glückes Schmied« zu sein. Und natürlich kommt von Gott nicht nur Gutes. Gott ist nicht nur ein »lieber Gott«. Er kann auch zornig sein und strafen. Doch gerade wenn wir in unserem Leben diese Seite Gottes erleben, ist es gut, sich zu erinnern: Vergiss das Gute nicht, das du Gott verdankst.

Psalm 103
Genau das tut der Dichter unseres Psalms auch und wir haben es ihm heute nachgemacht. So haben wir den 103. Psalm in unser eigenes Leben übersetzt, ihn mit dem Inhalt unserer Erfahrungen gefüllt.
Der Dichter des 103. Psalms hat das Gute, das er erfahren hat, gegen seine unguten Erfahrungen gesetzt: Was hat er dadurch erreicht?

Der Psalmdichter hat erreicht,
• dass sich die bösen Erfahrungen nicht in den Vordergrund drängen, sondern sich an den guten messen lassen müssen .
• dass sein Blickwinkel sich nicht verengt, so dass er nur das Schlimme und Schwere in seinem Leben wahrnimmt, sondern dass sein Horizont weiter wird.
• dass er dankbar auf sein Leben zurückblicken kann. Auf sein Leben als Ganzes und auf den gestrigen Tag. Solche Dankbarkeit ist wichtig, denn Menschen, die nicht dankbar sein können, sind wie Blumen, die nicht blühen.

Der 103. Psalm macht uns das bewusst: Das Gute nicht zu vergessen und uns auf die Quelle alles Guten zu besinnen, kann eine wichtige Lebenshilfe sein.

4. Abschluss mit Gesang

Wir singen: »Lobe den Herren, den mächtigen König der Ehren« (EG 316 oder 317).

Materialanhang

Kopiervorlage Psalm 103 (einleitend)

Notizen zur Vorbereitung

Aus dem Sklavenhaus in die Freiheit

Eine Wanderung durch das Buch Exodus

Gefangen in Ägypten – Einführung
Exodus 3, 1-14 – Gottes Name und Moses Auftrag
Exodus 12 – Das Passah – Erzählung und Geschichte
Exodus 13-14 – Ein Ereignis – zwei Berichte
Exodus 32 – Das Pech mit dem goldenen Kalb
Exodus 20, 1-17 – Ordnung in Gottes Namen

Gefangen in Ägypten

Einführung in das Buch Exodus

M. Metzger, Grundriss der Geschichte Israels, Neukirchener Studienbücher 2,
Neukirchener Verlag, 10. Auflage 1998

Sie benötigen:
- *Eine Wandtafel oder 1-2 große Bögen Papier (Packpapier, Tapeten o.ä.) alternativ: Overheadprojektor mit Folien und Stiften;*
- *Kopien einer Landkarte Ägyptens und der Tabelle zur Geschichte des alten Ägypten, entweder auf Folien für Overhead-Projektor oder als Handzettel für die Teilnehmer;*
- *Kopien der Darstellung »Hebräer in Ägypten« auf Folien zur Projektion oder als Handzettel;*
- *Dias mit Darstellungen altägyptischer Kunst (falls vorhanden).*

1. Thema »Gefangenschaft«

Assoziation und Gruppengespräch
Auf der Tafel oder einem großen Bogen Papier steht das Wort »GEFANGENSCHAFT«.

Woran denken wir, wenn wir das Wort lesen oder hören?
Die Einfälle werden in Stichworten rund um das Wort »Gefangenschaft« notiert, dabei u.U. auch kommentiert und diskutiert. Wichtig ist jedoch, dass keine Kritik an den Einfällen geübt wird, die Teilnehmer blockieren könnte. Jeder Einfall hat seine Berechtigung.

Beispiel
Gefängnis – Kriegsgefangenschaft – politische Gefangene – Gewohnheiten – Vorurteile – Behinderungen, Blindheit, Taubheit – Krankheit – Phobien – Angst – Bergwerk – Flugzeug – Insel – Ehe – Familie – Beruf – Armut – Reichtum – Materialismus – Gewohnheiten – Ideen – Charakter – Rollen(erwartungen).

Die Stichworte machen uns bewusst, welche verschiedenen Arten von Gefangenschaft es gibt. Sie werden außerdem von Menschen individuell unterschiedlich empfunden.

2. Israel in Ägypten

Historische, kulturgeschichtliche und theologische Informationen
Das Volk Israel hat in seiner Geschichte häufiger Gefangenschaften erlebt.

Am Anfang der Geschichte Israels, zu einer Zeit, in der noch nicht einmal vom »Volk Israel« die Rede sein konnte, stand eine Zeit der Gefangenschaft in Ägypten. Wir machen uns zunächst ein Bild vom alten Ägypten, speziell der Zeit der Ramessiden und deren Vorgängern (18.-20. Dynastie des sogenannten »Neuen Reiches«).

Hilfsmittel:
Landkarte und Tabelle zur Geschichte des alten Ägypten
Ausgewählte Darstellungen altägyptischer Kunst (Dias oder Folien)

3. Der biblische Bericht über die Gefangenschaft in Ägypten

Einführung und Erklärung mit Gesprächsanstößen
Die Bibel erzählt, dass die Nachkommen von Joseph und seinen Brüdern in Ägypten lebten. Sie waren dort zunächst geschätzt und anerkannt, denn Joseph hatte viel für Ägypten getan. Dann aber »kam ein neuer Pharao an die Macht, der Joseph nicht gekannt hatte« (Exodus 1,8). Dies könnte Ramses II. gewesen sein. Wir lesen im 2. Mosebuch, oder, wie es in manchen Bibelausgaben auch heißt, dem Buch Exodus, über die Gefangenschaft der Israeliten in Ägypten:

Exodus 1,1-14
Die Existenz von semitischen Bevölkerungsgruppen in Ägypten illustrieren ägyptische Bilddokumente, die sich leicht kopieren und u.U. über den Overheadprojektor sichtbar machen lassen. Sie zeigen unter anderem auch die Herstellung von Ziegeln (siehe Kopiervorlage).
Die Städte Pitom und Ramses suchen wir auf der Landkarte.

Exodus 1,15-22
Noch einmal notieren wir an der Tafel, auf einem Bogen Papier oder einer OHP-Schreibfolie, rund um das Wort »Gefangenschaft« Stichworte, die festhalten, worin die »Gefangenschaft« der Israeliten in Ägypten bestand.

Exodus 2,1-10
Die Geburt und Rettung des Mose wird anschaulich erzählt. Dabei wird auch die Tocher des Pharao sehr menschlich dargestellt. »Mose« ist kein hebräischer Name. Die hebräische Bibel gibt zwar eine Erklärung für ihn, aber diese ist sprachlich nicht korrekt. Die richtige Bedeutung ergibt sich

von anderen ägyptischen Namen her, z.B. dem Pharaonennamen Thut-Mosis. »Mose« heißt »Sohn«; die Pharaonentochter hat also das Kind, das sie im Schilf gefunden hat, adoptiert. Dies geht auch aus Vers 10 hervor.

Gesprächsanstoß
Als »Sohn« der Pharaonentochter wurde Mose wahrscheinlich im Palast erzogen. Wir können uns im gemeinsamen Gespräch ausmalen, wie seine Erziehung wohl ausgesehen hat.

4. Erinnern durch Erzählen

Die Geschichte von der Gefangenschaft der Israeliten in Ägypten und von der Geburt und Rettung des Mose ist kein historischer Bericht, auch wenn der historische Hintergrund deutlich ist. Die Geschichte wurde aber nicht als Historie aufgeschrieben, sondern als Teil eines Glaubensbekenntnisses. Dies hat die Form einer umfangreichen Erzählung. Zum Glauben der Israeliten gehörte die Er-Innerung früherer Erfahrungen mit Gott. Er-Innerung heißt, dass Menschen sich in die Geschichte ihres Volkes hineinstellten und diese zugleich mit ihrer Gegenwart in Verbindung brachten. Geschichte war für sie nicht nur Vergangenheit, sondern Voraussetzung und Ermöglichung ihrer gegenwärtigen Existenz. Von Gott ist in unserer Erzählung eigentlich nur am Rande die Rede (wo?). Er handelt in der Geschichte der Menschen und durch menschliches Verhalten.

Materialanhang

Kopiervorlage Geschichte des alten Ägypten im Überblick
Kopiervorlage Hebräer in Ägypten (einleitend)

Notizen zur Vorbereitung

Geschichte des alten Ägypten im Überblick

Vorgeschichte		bis um 3000 v. Chr.
Frühzeit: 1.-2. Dynastie	Thinitenzeit	um 2925-2657 v. Chr.
Altes Reich: 3.-6. Dynastie	Pyramidenzeit	um 2657-2154 v. Chr.
1. Zwischenzeit: 8.-10. Dynastie	Herakleopolitenzeit	um 2154-2030 v. Chr.
Mittleres Reich: 11.-12. Dynanstie	Reichseinigung unter Mentuhotep II	um 2030-1781 v. Chr.
2. Zwischenzeit: 13.-17. Dynastie	Hyksos-Zeit	um 1781-1542 v. Chr.
Neues Reich: 18.-20 Dynastie	Ahmose Amenophis I. Thutmosis I. Thutmosis II. Hatschepsut Thutmosis III. Amenophis II. Thutmosis IV. Amenophis III. Amenohphis IV. Semenchkare Tutanchamun Eje Haremhab Ramessiden-Zeit	um 1542-1069 v. Chr. um 1295-1069 v. Chr.
3. Zwischenzeit: 21.-25. Dynastie		um 1069-664 v. Chr.
Spätzeit: 26.-30. Dynastie		664-332 v. Chr.

nach: W. Helck, Geschichte des alten Ägypten, Leiden/Köln 1981

Exodus 3,1-14 – Gottes Name und Moses Auftrag

When Israel was in Egypt's land

Refrain:
**Go down Moses,
Way down in Egypt land,
Tell old Pharoh,
Let my people go.**

1 When Israel was in Egypt's land,
   Let my people go,
   Oppressed so hard they could not stand,
   Let my people go.
   Go down Moses....

2 Thus said the Lord, bold Moses said,
   Let my people go,
   If not I'll smite your first-born dead,
   Let my people go.
   Go down Moses....

3 No more shall they in bondage toil,
   Let my people go,
   Let them come out with Egypt's spoil,
   Let my people go.
   Go down Moses....

Sie benötigen:
- *Eine Landkarte von Ägypten und der Sinai-Halbbinsel;*
- *das Arbeitsblatt »Gottes Name«;*
- *den Steckbrief des Mose;*
- *Liedblätter mit dem Spiritual »When Israel was in Egypt's land«*

*Sie können dies Material auf Handzettel kopieren, die alle Gesprächsteilnehmer
erhalten; besser noch ist es, wenn sie es auf Folien für den Overhead-Projektor kopieren.*

1. Darf ich mich vorstellen?

Gruppengespräch
Der Leiter/ die Leiterin stellt einen Satz in den Raum: »Darf ich mich vorstellen?«

– Wann haben wir das zum letzten Mal gesagt?
– Was ist darauf gefolgt?
– Erinnern wir uns an Situationen, in denen eine Vorstellung besonders wichtig/ schwierig/ peinlich / hilfreich war?

Die Gesprächsteilnehmer sollen genügend Gelegenheit haben, auf diese Fragen zu reagieren.

Dabei oder im Anschluss daran machen wir uns bewusst:
– Das Minimum bei einer Vorstellung ist, dass wir unseren Namen nennen. Oft aber sagen wir auch, in welcher Beziehung wir zu Personen stehen, die unserem Gegenüber bekannt sind. Mitunter erzählen wir auch mehr von uns, manchmal sogar unsere ganze Lebensgeschichte. Oft überlegen wir sorgfältig, was wir bei einer Vorstellung von uns erzählen und wie wir uns dabei verhalten.
– Vorstellungen können für die Begegnung von Menschen oder den ersten Eindruck, den wir auf andere machen, entscheidend sein.
– Vorstellungen können zur Vertrauensbildung beitragen.
– Vorstellungen sind Eröffnungshandlungen. Manchmal sind wir gespannt auf das, was folgt.

2. Mose am Berg Horeb

Geraffte Erzählung
Eine Vorstellung gibt auch der Geschichte des Mose eine neue Richtung.

Heute begegnen wir Mose am Berg Horeb. Seit seiner Rettung durch die Tochter des Pharao ist allerhand geschehen:
Mose wurde vermutlich im Palast des Pharao erzogen. Dennoch vergaß er nie ganz, dass er kein Ägypter, sondern ein Hebräer war. Eines Tages erlebte er, wie ein Ägypter einen Hebräer auspeitschte. Da erschlug Mose den Ägypter und verscharrte ihn im Sand. Er musste jedoch fürchten, dass die Tat bekannt wurde. So floh er nach Midian (siehe Landkarte). Er heiratete dort die Tochter eines Priesters. Eines Tages, als Mose die Schafe und Ziegen seines Schwiegervaters hütet, hat er ein Erlebnis.

Der brennende Dornbusch

Lesung
Wir lesen Exodus 3,1-14. Dies kann mit verteilten Rollen geschehen: Erzähler – Mose – Gott. So wird der dialogische Charakter der Erzählung deutlich.

3. Gott stellt sich vor

Theologische Information
Wir müssen nicht alle Einzelheiten dieser Erzählung erklären, z.B. den Busch, der brennt, aber nicht verbrennt. Auch die Frage, wo wir den Berg Horeb zu suchen haben, ist von untergeordneter Bedeutung. Wir konzentrieren uns auf die zentralen Aussagen der Erzählung. Dabei müssen wir uns bewusst machen, dass die Geschichte von Moses Berufung kein historischer Bericht und schon gar nicht eine Art Reportage ist, sondern ein Glaubensbekenntnis in Erzählform. Sie handelt davon, dass Gott Mose einen Auftrag erteilt. Vorher stellt er sich dem Mose vor als der Gott seiner Vorväter Abraham, Isaak und Jakob. Die Vorväter des Volkes Israel haben also bereits mit diesem Gott zu tun gehabt, sie haben eine Geschichte mit ihm. Doch Mose ist mit dieser Auskunft noch nicht zufrieden: »Wenn die Israeliten mehr über dich wissen wollen – was soll ich ihnen sagen?«

Gott antwortet mit einem hebräischen Satz, der sich nur schwer ins Deutsche übersetzen lässt: »Ähjäh ascher ähjäh.« Dieser Satz ist der Versuch, theologisch zu entfalten, was im hebräischen Gottesnamen Jahwe steckt.

Gottes Name
Zur Illustration der folgenden Ausführungen können Sie das Arbeitsblatt »Gottes Name« benutzen.
Für den hebräischen Satz »Ähjäh ascher ähjäh« gibt es zwei wörtliche Übersetzungsmöglichkeiten:

»Ich bin, der ich bin.«
»Ich werde sein, der ich sein werde.«

Beide sind grammatisch korrekt. Für welche wir uns entscheiden, hängt von dem Zusammenhang ab, in dem sie stehen. Dies ist zunächst die Erzählung Exodus 3,1-14, im weiteren Sinn jedoch die ganze hebräische Bibel. Von diesem Zusammenhang her ist die zweite Übersetzung die richtigere:

»Ich werde sein, der ich sein werde.«

Der Gott der Beziehung
Auch das klingt noch recht rätselhaft. Wenn wir sie noch etwas freier übersetzen, kommt deutlicher zum Ausdruck, was der hebräische Gottesname beinhaltet:

Ich bin etwas, aber was, wird sich noch zeigen.
Ich bin der, als den ihr mich kennen lernen werdet.
Ich bin der, der für euch da sein wird.
Ich will für euch da sein.
Ich will bei euch sein.

Diese Umschreibungen machen deutlich: Gott existiert nicht für sich, sondern in Beziehung zu Menschen. Und: Der hebräische Gottesname beschreibt Erfahrungen, welche die Hebräer mit Gott gemacht haben. Sie betreffen die Vergangenheit: die Zeit Abrahams, Isaaks und Jakobs, aber auch Erfahrungen, welche die Israeliten noch vor sich haben. Der Name Gottes enthält ein Versprechen: Gott will zu den Menschen stehen, die sich an ihn halten.

Der Gott des Weges
Neben diesem zeitlichen Moment steckt im hebräischen Gottesnamen auch ein räumliches: Gott ist nicht an einen bestimmten Ort gebunden. Er ist ein mobiler Gott, ein Gott, der mit seinem Volk unterwegs ist.
Wir spüren, dass die Erzählung von der Berufung des Mose ein Glaubensbekenntnis ist, das in verdichteter Form Erfahrungen der Israeliten mit Gott wiedergibt.
Zu diesen Erfahrungen gehört auch, dass Gott durch Menschen handelt. Mose soll nach Ägypten gehen und im Namen Gottes vom Pharao verlangen, dass er den Israeliten den Auszug aus Ägypten gestattet.

4. Steckbrief des Mose

Gruppenaktivität
Aber: »Wer bin ich denn«, fragt Mose, »dass ich diesen Auftrag ausfüllen könnte?«
Ja – wer ist Mose? Ein Mörder, der in Ägypten möglicherweise steckbrieflich gesucht wurde. Wir stellen uns vor, was im Steckbrief gestanden haben könnte und füllen ihn gemeinsam aus.

Name:	Mose
geboren:	um 1250 v. Chr.
Eltern:	Hebräer aus dem Stamm Levi
Ausbildung:	Erziehung am Hof des Pharao
Ehefrau:	Zippora (Midianiterin)
Kinder:	Gershom
weitere Verwandte:	Mirjam (Schwester), Aaron (Bruder)

Wer also ist Mose?
Eine in jeder Hinsicht problematische Person:
– Der Geburt nach ein Hebräer, seiner Erziehung nach ein Ägypter;
– ein Mörder;
– ein Heimatloser, ein Flüchtling.

Aber diese problematische Person wird von Gott in Dienst genommen. Auch das gehört zu den Erfahrungen der Hebräer mit Gott und ist Teil ihres Glaubensbekenntnisses: Gott macht Menschen für sich brauchbar, die moralisch, politisch oder menschlich gesehen scheinbar unbrauchbar sind.

So erweist er sich, mitten in der Geschichte der Menschen, als Schöpfer!

Dies Glaubensbekenntnis der Hebräer hat Menschen immer wieder Mut gemacht, auf die Welt verändernde und Welt bewegende Kraft Gottes zu hoffen. So ist es kein Zufall, dass gerade die Geschichte vom Auszug Israels aus Ägypten immer wieder nacherzählt wurde, nicht nur von den Hebräern. Ein Beispiel dafür ist das Spiritual »Go down, Moses«, ein Gesang amerikanischer Negersklaven, die in der Geschichte der Israeliten das Vorbild ihre Befreiung aus der Sklaverei sahen.

5. »When Israel was in Egypt's land«

Wir singen gemeinsam zum Abschluss.

Materialanhang

Kopiervorlage Der hebräische Gottesname
Kopiervorlage Steckbrief des Mose
Kopiervorlage When Israel was in Egypt's land

Notizen zur Vorbereitung

When Israel was in Egypt's land

Refrain:
Go down Moses,
Way down in Egypt land,
Tell old Pharoh,
Let my people go.

When Israel was in Egypt's land,
Let my people go,
Oppressed so hard they could not stand,
Let my people go.
Go down Moses....

Thus said the Lord, bold Moses said,
Let my people go,
If not I'll smite your first-born dead,
Let my people go.
Go down Moses....

No more shall they in bondage toil,
Let my people go,
Let them come out with Egypt's spoil,
Let my people go.
Go down Moses....

The Lord told Moses what to do,
Let my people go.
To lead the children of Israel through,
Let my people go.
Go down Moses....

Oh let us all from bondage flee,
Let my people go.
And let us all in Christ be free,
Let my people go.
Go down Moses....

We need not always weep and moan,
Let my people go.
And wear these slavery chains forlorn,
Let my people go.
Go down Moses....

This world's a wilderness of woe,
Let my people go,
Oh, let us on to Canaan go.
Let my people go.
Go down Moses....

O take your shoes from off your feet,
Let my people go,
And walk into the golden street.
Let my people go.
Go down Moses....

I do believe without a daubt,
Let my people go,
That a Christian has the right to shout,
Let my people go.
Go down Moses....

Text und Melodie: überliefert

Der hebräische Gottesname יהוה (JHWH)

wird Ex 3,14 gedeutet mit dem Satz

הָיָה [־ אֲשֶׁר ־] הָסִיה

(Ähjäh   ascher   ähjäh)

Dafür gibt es zwei Übersetzungsmöglichkeiten:

»Ich bin, der ich bin.«
»Ich werde sein, der ich sein werde.«

Sprachlich sind beide richtig; aus theologischen Gründen ist die zweite vorzuziehen.

Wenn wir noch etwas freier übersetzen, kommt deutlicher zum Ausdruck, was der hebräische Gottesname beinhaltet:

Ich bin etwas, aber was, wird sich noch zeigen.
Ich bin der, als den ihr mich kennenlernen werdet.
Ich bin der, der für euch da sein wird.
Ich will für euch da sein.
Ich will bei euch sein.

Der hebräische Gottesname bringt also zum Ausdruck:
Gott existiert nicht an sich, sondern in Beziehung zu Menschen.

Damit werden religiöse Erfahrungen der Hebräer beschrieben.
Zugleich enthält Gottes Name ein Versprechen: Gott will zu den Menschen stehen, die sich an ihn halten.

GESUCHT
WEGEN MORD AN EINEM ÄGYPTISCHEN AUFSEHER:
MOSE

Name:	
geboren:	
Eltern:	
Ausbildung:	
Ehefrau:	
Kinder:	
weitere Verwandte:	

Exodus 12 – Das Passah – Erzählung und Geschichte

When Israel was in Egypt's land

Refrain:
**Go down Moses,
Way down in Egypt land,
Tell old Pharoh,
Let my people go.**

4 The Lord told Moses what to do,
   Let my people go.
   To lead the children of lsrael through,
   Let my people go.
   Go down Moses....

5 Oh let us all from bondage flee,
   Let my people go.
   And let us all in Christ be free,
   Let my people go.
   Go down Moses....

5 We need not always weep and moan,
   Let my people go.
   And wear these slavery chains forlorn,
   Let my people go.
   Go down Moses....

Sie benötigen:
– eine Tafel oder einen großen Bogen Papier und Stifte;
– Textblätter des Spirituals »When Israel was in Egypt's land«.
– Kopien der Vorlage Geschichte und Erzählung

1. Über Umzüge

Assoziationen/Erfahrungsaustausch:
Heute wollen wir zur Eröffnung über UMZÜGE sprechen.

– Wann sind Sie zum letzten Mal umgezogen?
– Erinnern Sie sich an einen Ihrer Umzüge besonders intensiv? Warum?
– Worauf kommt es bei Umzügen besonders an? Worauf muss man achten? Was vorbereiten?

Lassen Sie die Gruppenmitglieder ruhig eine Weile ihre Erfahrungen austauschen. Wenn das Stichwort nicht aus der Gruppe kommt, sprechen Sie es nach angemessener Zeit an: Essen. Ein festliches Essen zum Abschied von Freunden und Nachbarn, aber auch die Verpflegung beim Umzug selbst. Das ist oft ein Problem und muss daher – neben vielem anderen – gut überlegt vorbereitet werden.

2. Umzugsvorbereitungen der Israeliten in Ägypten

Lied und Erzählung
Und nun nehmen wir an den Umzugsvorbereitungen der Israeliten teil. Wir erinnern uns: Mose hat von Gott den Auftrag erhalten, die Israeliten aus der Sklaverei in Ägypten heraus zu führen nach Kanaan.

Wir singen noch einmal das Spiritual »When Israel was in Egypt's land«.

Mose hat mehrmals mit dem Pharao verhandelt, um dessen Einwilligung zu erhalten. Anfangs hat der Pharao sie verweigert. Dann hat Gott Plagen über Ägypten geschickt: Das Wasser des Nil wurde wie Blut, dann kam eine Froschplage, eine Mückenplage, Ungeziefer, Viehsterben, Pest, Hagel, Heuschrecken und tagelange Finsternis (ein Sandsturm?). Ökologische Katastrophen, die sich in der Nil-Oase von Zeit zu Zeit ereigneten. Und der Pharao verweigert nach wie vor die Zustimmung zum Auszug der Israeliten. Dann wird die letzte Plage angekündigt: Alle Erstgeborenen der Ägypter, Menschen und Vieh, sollen in *einer* Nacht sterben. In derselben Nacht halten die Israeliten ihr Abschiedsessen. Jede Familie schlachtet ein Lamm und bereitet es auf besondere Weise zu.

Anweisungen für ein Abschiedsessen
Die Anweisung für dies Abschiedsessen, das Passah, lesen wir Exodus 12 in den Versen 1, 3-4, 6b-8 und 11-14.

3. Das Passahfest

Historische und theologische Information
Das Passah (oder Päsach) gehört bis heute zu den großen jüdischen Festen. Die biblische Überlieferung bringt es mit dem Auszug aus Ägypten in Verbindung. Historisch gesehen jedoch war das Passah ursprünglich ein »Erntefest« von Vieh züchtenden Nomaden. Es wurde im Frühjahr gefeiert, wenn die Lämmer geboren wurden. Wie die meisten israelitisch-jüdischen Feste wurde es später mit einem Ereignis aus der Geschichte Israels in Verbindung gebracht, in diesem Fall mit dem Auszug aus Ägypten. Der alte Brauch, ein Lamm zu schlachten und auf besondere Weise zuzubereiten, wurde beibehalten. In enger zeitlicher Verbindung mit dem Passahfest wurde Mazzoth gefeiert, das Fest der ungesäuerten Brote. Auch dies war ursprünglich ein Erntefest, das Fest der Gerstenernte, und wurde später mit dem Auszug aus Ägypten in Verbindung gebracht.

4. Erzählung und Geschichte

Vertiefende Information und Lektüre
Die biblische Erzählung vom ersten Passah in Ägypten erhebt den Anspruch, von der Begründung des Passahmahles zu erzählen. Historisch gesehen ist das falsch. Die Erzählung gibt nicht den tatsächlichen historischen Sachverhalt wieder, sondern sie gibt eine Begründung dafür, weshalb die Israeliten weiterhin das Passah feiern, obwohl sie doch längst keine Nomaden mehr sind. Dennoch ist die Erzählung nicht unwahr. Denn Erzählungen können wahr sein, auch wenn sie im historischen Sinn un-

wahr sind. Und umgekehrt sind »reine« historische Fakten oft nichts sagend, solange sie nicht gedeutet werden, z.B. durch eine Erzählung.
Im Blick auf das Passah und die biblische Überlieferung vom Passah können wir uns bewusst machen, wie sich Erzählung und Geschichte unterscheiden und weshalb dennoch die Erzählung ihren Wert gegenüber der »bloßen« Geschichte hat.

Vergleich von Erzählung und Geschichte
Wir tragen in eine Tabelle an der Tafel oder auf einem großen Bogen Papier Stichworte zusammen. Die Tabelle hat zwei Spalten: Erzählung und Geschichte. Wir beginnen mit dem, was wir eben über die historische Entwicklung des Passahfestes gehört haben und tragen es unter »Geschichte« ein. Dann lesen wir noch einmal Exodus 12,1-14 in Auswahl und machen uns bewusst, woran die Erzählung erinnern will (siehe Vorlage Geschichte und Erzählung).
Wenn wir Geschichte und Erzählung des Passah miteinander vergleichen, stellen wir fest, dass die Erzählung dem Fest einige Züge verleiht, die ursprünglich nicht dazu gehört haben. Gerade so aber wurde es für die Israeliten lebendig erhalten, auch als sie längst keine Nomaden mehr waren. Zugleich erinnert die Erzählung an einige wichtige Grunderfahrungen des Volkes Israel. Sie deutet das Passahfest auf dem Hintergrund dieser Erfahrungen. Sie will gar kein historischer Bericht sein, sondern Glaubensbekenntnis, das zum Ausdruck bringt, worauf Israels Existenz beruht und woran die Israeliten sich halten können. Andererseits macht sie deutlich, dass Israels Glaube kein abstraktes System von Ideen ist, sondern auf einer Geschichte der Menschen mit Gott beruht.
An Erzählung und Geschichte des Passahfestes können wir modellhaft etwas beobachten, was auch für andere Erzählungen des Buches Exodus (und der Bibel überhaupt) gilt: Die erzählte Geschichte ist nicht mit dem tatsächlichen Geschichtsverlauf identisch, aber sie deutet ihn so, dass Geschichte über ihren historischen Verlauf hinaus lebendig bleibt und ihre Bedeutung von späteren Generationen immer wieder neu erlebt werden kann. So blieb der Exodus für Israel immer ein lebendiges, aktuelles Ereignis.

5. »Go down, Moses« – eine Geschichte, die nicht an historisches Geschehen gebunden ist

Dies gilt aber nicht nur für das alttestamentliche Israel. In der Laufe der Geschichte war die Erinnerung an den Exodus aus Ägypten für die Juden immer wieder ein Motor der Hoffnung. Auch Nicht-Juden haben die Exodus-Geschichte so verstanden. Ein Beispiel dafür ist das Spiritual »When Israel was in Egypt's land«, das wir abschließend noch einmal singen. Dabei achten wir besonders darauf, wie in der zweiten Hälfte die alttestamentliche Geschichte durchsichtig wird für Erfahrungen und Hoffnungen von schwarzen Sklaven in Amerika.

Materialanhang

Kopiervorlage Geschichte und Erzählung des Passahfestes

Notizen zur Vorbereitung

Geschichte und Erzählung des Passahfestes

Geschichte	Erzählung
Passah = ursprünglich ein "Ernte"fest Vieh züchtender Nomaden Sein Sinn: Feier des Ertrages der Herden Die Zubereitung des Lammes und die Art, wie es gegessen wird, spiegelt die Lebensweise wandernder Nomaden wieder Nach Ansiedlung der Israeliten in Kanaan wird das Passah mit dem Auszug aus Ägypten in Beziehung gebracht und verliert den Charakter eines Nomadenfestes.	Deutet das Passah für Israeliten, die lange nach dem Auszug aus Ägypten leben und keine Nomaden mehr sind. • Erinnert an den Auszug aus Ägypten: - macht bewusst, dass Freiheit ein Geschenk ist. - macht bewusst, dass das Land Kanaan, in dem die Israeliten leben, ein Geschenk ist. • Legt das Passah auf den 10. Tag des 1. Monats im Jahr fest und deutet damit an, dass der Exodus ein Neuanfang, eine Schöpfungstat Gottes war, der seinem Volk eine neue Existenz ermöglicht. • Die Art, wie das Lamm zubereitet und gegessen wird (fertig zum Aufbruch) macht bewusst, dass Israel immer unterwegs ist.

Exodus 13-14 –
Ein Ereignis – zwei Berichte

Refrain:
Go down Moses,
Way down in Egypt land,
Tell old Pharoh,
Let my people go.

7 This world's a wilderness of woe,
　Let my people go,
　Oh, let us on to Canaan go.
　Let my people go.
　Go down Moses....

8 O take your shoes from off your feet,
　Let my people go,
　And walk into the golden street.
　Let my people go.
　Go down Moses....

9 I do believe without a daubt,
　Let my people go,
　That a Christian has the right to shout,
　Let my people go.
　Go down Moses....

Sie benötigen:
- *Liedblätter mit dem Spiritual »When Israel was in Egypt's land«;*
- *Textblätter mit dem Text von Exodus 13-14;*
- *eine Landkarte »Der Auszug aus Ägypten«;*
- *Eine Wandtafel oder einen großen Bogen Papier und Stifte.*

1. When Israel was in Egypt's land
Dieses bekannte Lied wird miteinander zum Einstieg gesungen.

2. Der Auszug aus Ägypten

Gruppenarbeit am Text
Nun ist es endlich soweit. Die Israeliten ziehen aus Ägypten aus. Aber dabei gibt es Schwierigkeiten. Die Israeliten werden von einem ägyptischen Heer verfolgt und glücklich vor ihm gerettet. Die Erzählung über diesen Vorgang in Exodus 13-14 besteht aus zwei ursprünglich verschiedenen Berichten. Wenn man sie aufmerksam liest, entsteht der Eindruck, dass sie von zwei verschiedenen Ereignissen sprechen. Wir werden daher jetzt zwei unabhängige Kommissionen bilden, die sich, jede für sich, einen der Berichte ansehen und ermitteln, was denn wirklich passiert ist, als die Israeliten von den Ägyptern verfolgt wurden.

Sie erhalten dazu den Text von Exodus 13-14. Er ist bereits so ausgedruckt, dass die zwei Berichte mühelos voneinander zu unterscheiden sind. Die Kommission A soll sich nun *nur* den Bericht A ansehen, Kommission B *nur* Bericht B. Beide sollen ermitteln, wovon der Bericht, der ihnen vorliegt, handelt. Sechs Fragen sollen ihnen die Arbeit erleichtern. Bitte beantworten Sie diese auf Grundlage »Ihres« Berichtes.

Textblatt: Die Israeliten werden vor den Ägyptern gerettet
Die Gruppen erhalten ca. 15-20 Minuten Zeit, um die Texte durchzuarbeiten und die Fragen zu beantworten.

Zusammenstellung der Ergebnisse
Die Beobachtungen der Gruppen an dem Text von Exodus 13-14 tragen wir in eine Tabelle (an der Wandtafel, auf einem großen Bogen Papier oder auf einer Schreibfolie für den OHP) zusammen:

	Text A	Text B
Wer führt die Israeliten?	Gott (z. T. durch Wolken- und Feuersäule)	Mose im Auftrag Gottes
Wo spielt die Handlung?	In Etham am Rande der Wüste	Bei Pihachiroth zwischen Migdol und dem Meer vor Baal-Zephon
Wer spricht mit wem?	Mose spricht mit dem Volk, die Israeliten mit Mose	Gott spricht zu Mose
Wie werden die Ägypter beschrieben?	Ausführliche Beschreibung der Überlegungen der Ägypter und ihrer Ausrüstung	Beschreibung der Ägypter ist knapp gehalten
Wer handelt in der Notsituation?	Der HERR führt und schützt Israel, kämpft für Israel, rettet Israel Zusätzlich ist einmal vom Engel Gottes die Rede	Mose handelt aufgrund der Anweisungen des Herrn
Was geschieht mit dem Meer?	Es wird trocken (durch Wind)	Es wird gespalten, so dass ein Weg wie zwischen zwei Mauern entsteht
Wie kommen die Ägypter um?	Sie geraten in Verwirrung und fliehen in das zurückflutende Meer hinein	Das Wasser schließt sich wieder

Die Unterschiede in den Berichten
Beim Zusammentragen der Ergebnisse machen wir uns bewusst:

– Die Erzählungen spielen an verschiedenen Orten (Landkarte!).
– Gott und Mose haben in Text A und B unterschiedliche Rollen: Text A betont die Aktivität Gottes; Text B lässt Mose als Mittelsperson zwischen Gott und Israeliten handeln.
– Text A betont die sichtbare und spürbare Gegenwart Gottes (Wolken- und Feuersäule; Engel Gottes). Text B betont, dass Gott durch Mose als menschliche Mittlerperson handelt. Während Text A also anschaulich vom »mitgehenden Gott« erzählt, bringt Text B zum Ausdruck, dass Gott durch Menschen in der Geschichte handelt.
– Text B erzählt von der Spaltung des Wassers. Dies ist ein Motiv, das sich in Schöpfungserzählungen findet (z.B. Genesis 1). Die Spaltung des Wassers wird manchmal parallel gesetzt mit der Tötung des Ur-Ungeheuers durch den Schöpfergott. Dieses Motiv der Erzählung bringt also zum Ausdruck, dass Gott, indem er die Israeliten rettet, als Schöpfer handelt. Ihre Rettung ist eine Schöpfungstat. Aber sie geschieht nicht durch einen Akt »von oben«, sondern durch die vermittelnde Tätigkeit des Mose.

3. Die unterschiedlichen Berichte

Weiterführende theologische Information
Nun müssen wir uns noch die Frage stellen, wie zwei so verschiedene Erzählungen von einem Ereignis entstehen konnten und warum sie durch einen dritten Erzähler miteinander verbunden wurden.
Die alttestamentliche Forschung nimmt an, dass die fünf Mosebücher mehrere Quellenschriften enthalten. Das gilt auch in der Erzählung von der Rettung am Schilfmeer. In ihr sind Beiträge von unterschiedlichen Erzählern aus verschiedenen Zeiten verarbeitet. Warum so verschiedene Texte zusammengefasst wurden, wissen wir nicht genau. Vielleicht wollten die »Redaktoren«, wie man sie nennen kann, die verschiedenen Überlieferungen der Israeliten zusammentragen.

Text A
Die ältere Erzählung ist die, welche wir »Text A« genannt haben. Sie enthält vermutlich Teile aus zwei der Quellenschriften. Diese entstanden zu einer Zeit, in der die Israeliten im Land Kanaan lebten. Man merkt der Erzählung an, dass sie sich auch dort Sorge um ihre Existenz machen mussten. Denn die Erzählung betont: Gott führt und schützt Israel, kämpft für Israel, rettet Israel. In solchen Aussagen äußert sich auch Kritik an den damaligen Führern der Israeliten, den Königen. Zur Situation in Kanaan passen auch die Ortsangaben, nach denen die Rettung am Rande der Wüste erfolgt: Israels politisch-militärische Gegner kamen aus den Wüsten im Süden (Ägypten) oder im Osten (Mesopotamien).

Text B
»Text B« ist die jüngere Erzählung. Sie entstand wahrscheinlich, als die Israeliten in Mesopotamien im Exil leben mussten. Die Erinnerung an den Auszug aus Ägypten und die Rettung am Schilfmeer sollte die Hoffnung auf einen neuen Exodus der Israeliten aus Mesopotamien lebendig halten. Diese Erzählung von der Rettung am Schilfmeer ist also eine Art »Widerstandsliteratur«. Sie erinnert an die Schöpfungsgeschichte Genesis 1 (in beiden Erzählungen wird das Wasser gespalten). Die Rettung aus dem Schilfmeer wird als ein Schöpfungsgeschehen geschildert: Gott schafft seinem Volk Lebensraum und damit die Möglichkeit zum Leben in Freiheit. Die Erzähler von Text B wollten den Israeliten Mut machen, auch weiterhin auf die Schöpfermacht Gottes zu vertrauen. Sie machen allerdings auch deutlich: der Schöpfer der Welt handelt in der Erzählung nicht »von oben«, sondern benutzt Menschen (in der Erzählung ist es Mose) als seine Werkzeuge.

Erzählung und Geschichte

Beide Erzählungen handeln von der Rettung am Schilfmeer, doch sind sie so verschieden, dass man fragen möchte, welche eigentlich wahr ist. Doch dies ist eine falsche Fragestellung. Weiter hilft die Unterscheidung von Erzählung und Geschichte, die uns früher schon geholfen hat, die biblische Erzählung vom Auszug aus Ägypten zu verstehen. Die Erzählungen, die in Exodus 13-14 miteinander verbunden wurden, wollten überhaupt nicht *Geschichte* beschreiben; sie sind keine Geschichtsschreibung. Vielmehr wollten sie den Israeliten in unterschiedlichen Situationen Mut zum Leben zusprechen und ihnen deutlich machen, woran sie sich auch in kritischen Zeiten halten konnten. In Text A ist dies der »mitgehende Gott«, der sein Volk führt und schützt. In Text B soll auf den Schöpfer und Erhalter der Welt hingewiesen werden, der seinem Volk schon früher einen Lebensraum geschaffen hat und dies sicher wieder tun wird. Die Erzählungen, aus denen Exodus 13-14 zusammengefügt wurde, sind also *Erzählungen*, die an ein früheres Ereignis in der Geschichte der Israeliten erinnern, es aber so auslegen, dass daraus eine Botschaft für eine andere Zeit und Situation wird. Es sind also Verkündigungsgeschichten.

Hoffnung durch Erinnerung

Welches historische Ereignis im Hintergrund steht, wann und wo es stattfand, lässt sich heute nicht mehr sagen. Doch sind immer wieder neue Verkündigungsgeschichten darüber erzählt worden, z.B. handeln einige Psalmen davon (Psalm 77,12-21; Psalm 18,5-20). Bis in die Neuzeit hinein hat die Erinnerung an den Auszug der Israeliten aus Ägypten oft die Hoffnung auf einen Exodus aus Not, Unterdrückung und Unfreiheit genährt. Ein Beispiel, das uns schon öfter begegnet ist, sind die Gesänge schwarzer Sklaven in Amerika. Ein anderes Beispiel ist die lateinamerikanische Befreiungstheologie.

4. «When Israel was in Egypt's land«

Wir singen noch einmal das bekannte Lied.

Materialanhang

Kopiervorlage Die Israeliten werden vor den Ägyptern gerettet

Notizen zur Vorbereitung

Die Israeliten werden vor den Ägyptern gerettet
(2. Mose 13-14)

Text A Als der Pharao das Volk hatte ziehen lassen, führte sie Gott nicht den Weg durch das Land der Philister, der am nächsten war; denn Gott dachte, das Volk könnte es bereuen, wenn sie Kämpfe vor sich sähen, und sie könnten wieder nach Ägypten umkehren. Darum ließ er das Volk einen Umweg machen und führte es durch die Wüste zum Schilfmeer.

So zogen sie aus von Sukkoth und lagerten sich in Etham am Rande der Wüste. Und der HERR zog vor ihnen her, am Tage in einer Wolkensäule, um sie den rechten Weg zu führen, und bei Nacht in einer Feuersäule, um ihnen zu leuchten, damit sie Tag und Nacht wandern konnten.

Text B Und der HERR redete mit Mose und sagte: »Rede zu den Kindern Israel Israel und sage ihnen, sie sollen umkehren und sich bei Pihachiroth zwischen Migdol und dem Meer, vor Baal-Zephon lagern. Der Pharao aber wird dann von den Kinder Israel denken: Sie haben sich im Lande verirrt; die Wüste hat sie eingeschlossen. Und ich will sein Herz verstocken, so daß er ihnen nachjagt, und will meine Herrlichkeit erweisen an dem Pharao und aller seiner Macht, und die Ägypter sollen merken, daß ich der HERR bin.« Und sie taten so.

Text A Als dem König von Ägypten gemeldet wurde, daß das Volk geflohen war, wurde sein Herz verwandelt und das Herz seiner Großen gegen das Volk, und sie sprachen: »Warum haben wir das getan und haben Israel ziehen lassen, so daß sie uns nicht mehr dienen?« Und er spannte seinen Wagen an und nahm sein Volk mit sich und nahm sechshundert auserlesene Wagen und was sonst an Wagen in Ägypten war mit Kämpfern auf jedem Wagen. Und der HERR verstockte das Herz des Pharao, des Königs von Ägypten, so daß er den Kindern Israel nachjagte. Aber die Kinder Israel waren unter der Macht einer starken Hand ausgezogen. Und die Ägypter jagten ihnen mit Rossen, Wagen und ihren Männern und mit dem ganzen Heer des Pharao nach und holten sie ein.

Text B   Als sie sich am Meer bei Pihachiroth vor Baal-Zephon gelagert hatten, kam der Pharao nahe heran. Die Kinder Israel hoben ihre Augen auf, und sieh, die Ägypter zogen hinter ihnen her. Und sie fürchteten sich sehr und schrien zu dem HERRN.

Text A   Und die Israeliten sagten zu Mose: »Waren nicht Gräber in Ägypten, daß du uns wegführen mußtest, damit wir in der Wüste sterben? Warum hast du uns das angetan, daß du uns aus Ägypten geführt hast? Haben wir's dir nicht schon in Ägypten gesagt: Laß uns in Ruhe, wir wollen den Ägyptern dienen? Es wäre besser für uns, den Ägyptern zu dienen, als in der Wüste zu sterben.« Da sprach Mose zum Volk: »Fürchtet euch nicht, stehet fest und sehet zu, was für ein Heil der HERR heute an euch tun wird. Denn wie ihr die Ägypter heute seht, werdet ihr sie niemals wiedersehen. Der HERR wird für euch streiten und ihr werdet stille sein.«

Text B   Und der HERR sprach zu Mose: »Was schreist du zu mir? Sage den Kindern Israel, daß sie weiterziehen. Du aber hebe deinen Stab auf und strecke deine Hand über das Meer und teile es mitten durch, so daß die Kinder Israel auf dem Trockenen mitten durch das Meer gehen. Siehe, ich will das Herz der Ägypter verhärten, so daß sie hinter euch herziehen, und will an dem Pharao und aller seiner Macht, an seinen Wagen und Männern meine Herrlichkeit erweisen. Und die Ägypter sollen merken, daß ich der HERR bin, wenn ich an dem Pharao und an seinen Wagen und Männern meine Herrlichkeit erweise.«

Text A   Da erhob sich der Engel Gottes, der vor dem Heer Israels herzog, und stellte sich hinter sie. Und die Wolkensäule vor ihnen erhob sich und trat hinter sie und kam zwischen das Heer der Ägypter und das Heer Israels. Und dort war die Wolke finster, und hier erleuchtete sie die Nacht, und so kamen die Heere die ganze Nacht einander nicht näher. Als nun Mose seine Hand über das Meer reckte, ließ es der HERR durch einen starken Ostwind die ganze Nacht zurückweichen und machte das Meer trocken.

Text B   Da wurde das Wasser gespalten, und die Kinder Israel gingen hinein mitten ins Meer auf dem Trockenen, und das Wasser stand da wie eine Mauer zur Rechten und zur Linken. Und die Ägypter folgten und zogen hinein ihnen nach, alle Rosse des Pharao, seine Wagen und Männer, mitten ins Meer.

Text A Als nun die Zeit der Morgenwache kam, schaute der HERR aus der Feuersäule und der Wolke auf das Heer der Ägypter. Er brachte einen Schrecken über ihr Heer und hemmte die Räder ihrer Wagen und machte, daß sie nur schwer vorwärtskamen. Da sprachen die Ägypter: »Laßt uns vor Israel fliehen; der HERR kämpft für sie gegen Ägypten.«

Text B Da sagte der HERR zu Mose: strecke deine Hand aus über das Meer, damit das Wasser wiederkommt und über die Ägypter hereinstürzt, über ihre Wagen und Männer. Da streckte Mose seine Hand aus über das Meer.

Text A Und das Meer kam gegen Morgen wieder in sein Bett, und die Ägypter flohen ihm entgegen. So stürzte der HERR sie mitten ins Meer.

Text B Und das Wasser kam wieder und bedeckte Wagen und Männer, das ganze Heer des Pharao, das ihnen nachgefolgt war ins Meer, so daß nicht einer von ihnen übrigblieb. Aber die Kinder Israel gingen trocken mitten durchs Meer, und das Wasser stand zu ihrer Rechten und Linken wie eine Mauer.

Text B So errettete der HERR an jenem Tage Israel aus der Hand der Ägypter. Und sie sahen die Ägypter tot am Ufer des Meeres liegen. So sah Israel die mächtige Hand, mit der der HERR an den Ägyptern gehandelt hatte. Und das Volk fürchtete den HERRN, und sie glaubten ihm und seinem Knecht Mose.

Lutherbibel, revidierter Text 1984,
© 1985 Deutsche Bibelgesellschaft Stuttgart

---

1. Wer führt die Israeliten?
2. Wo spielt die Handlung?
3. Wer spricht mit wem?
4. Wie werden die Ägypter beschrieben?
5. Wer handelt in der Notsituation?
6. Was geschieht mit dem Meer?

Exodus 32 –
Das Pech mit dem goldenen Kalb

Chagall, Marc   Tanz um das Goldene Kalb © VG Bild-Kunst, Bonn 2002

Sie benötigen:
- *Eine Wandtafel oder einen großen Bogen Papier;*
- *Stifte/Kreise zum Schreiben;*
- *Klebeband;*
- *einfache Zeichnungen*
  - *eines Stierbildes,*
  - *eines Autos,*
  - *eines Fernsehgerätes,*
  - *einer Wachstumskurve,*
  - *eines Menschen.*

Das Format soll so sein, dass Sie die Bilder mit Klebeband an der Tafel bzw. dem Bogen Papier anbringen können und möglichst noch Raum für stichwortartige Notizen bleibt.
- *Kopien der Tusche-Zeichnung von Marc Chagall »Tanz um das Goldene Kalb«*

Aus: Marc Chagall, Die Bibel. Gouachen, Aquarelle, Pastelle und Zeichnungen aus dem Nachlaß des Künstlers, herausgegeben von Berthold Roland, Verlag Philipp von Zabern 1990 (ISBN 3-8053-1118-4). Kopieren Sie die Zeichnung entweder auf Handzettel für alle Teilnehmer oder auf eine OHP-Folie. Obwohl die Zeichnung farbig laviert ist, sollten schwarz-weiß – Kopien von ausreichender Qualität sein.

1. Was ist im Leben das Wichtigste?

Anregung von Zweiergesprächen
Was ist im Leben das Wichtigste? Sprechen Sie darüber mit einem ihrer Sitznachbarn. Bitte verständigen Sie sich zu zweit über eine Liste der drei wichtigsten Dinge im Leben.

Gespräch in der Gesamtgruppe
Nach einiger Zeit werden die Zweiergespräche beendet. Die Teilnehmer werden gebeten, der Gesamtgruppe mitzuteilen, was ihrer Auffassung nach das Wichtigste im Leben ist. Wir notieren die Beiträge in Stichworten an der Tafel oder auf einem großen Bogen Papier. Allzu fromme Antworten sollten vorsichtig hinterfragt werden.

Bündelung und Weiterführung durch den Leiter
Wenn wir die Frage, was uns am wichtigsten ist, ehrlich beantworten, wird

deutlich, was wir glauben, worauf wir hoffen, woran wir uns im Leben halten. Oft ist sind dies nicht religiöse Ideen, sondern ganz weltliche Werte wie Gesundheit, Zufriedenheit, Glück, Ehepartner, Kinder oder Freunde, auf die man sich verlassen kann, usw. Daran ist nichts Schlechtes. Nur wenn wir ihnen den höchsten Rang in unserem Leben einräumen, machen wir sie zu »Göttern«, die unser Fühlen, Denken und Verhalten bestimmen. Wenn Dinge, die eigentlich nicht dorthin gehören, in unserem Leben an oberster Stelle stehen, nehmen sie Gottes Stelle ein und werden dadurch zu einem »Gott«. Martin Luther hat das folgendermaßen zum Ausdruck gebracht: »Woran du dein Herz hängst und verlässest, das ist in Wahrheit dein Gott.«

2. Woran dein Herz hängt

Hinführung zur Textlektüre
Wenn wir unser Herz an etwas Verkehrtes hängen und uns darauf verlassen, kann das sehr gefährlich sein. Die Bibel erzählt davon in einer Geschichte, die bis heute erstaunlich aktuell ist.

Die Israeliten haben beim Auszug aus Ägypten Gott als einen mitgehenden und Zukunft eröffnenden Gott erlebt, dem sie die Befreiung aus dem »Sklavenhaus« Ägypten und die Rettung vor Verfolgung durch die Ägypter verdankten. »Gott« bedeutete für sie »Freiheit«, und diese war für sie das Wichtigste, solange sie unfrei waren und verfolgt wurden.

Doch nach dem Auszug aus Ägypten kam die Wanderung durch die Wüste. Und je länger sie dauerte, umso mehr wurde die Erfahrung der Befreiung durch Wünsche und Vorstellungen überschattet, die in andere Richtungen gingen. Das Buch Exodus erzählt, dass die Israeliten ein goldenes Kalb anfertigen und anbeten, während Mose auf dem Berg Sinai mit Gott im Gespräch ist.

Lesung
Wir lesen Exodus 32,1-6

3. Das goldene Kalb

Hier wird von der Anfertigung eines »goldenen Kalbes« erzählt. Dieser Ausdruck zeigt das Bestreben, das Standbild abzuwerten. In Wirklichkeit wird es sich um ein Stierbild gehandelt haben.

Heften Sie ein Stierbild an die Mitte der Tafel oder des großen Papierbogens.

Stierbild
In der Antike gab es Stierbilder und Stierkulte in verschiedenen Gebieten des Mittelmeerraums. Der Stier war ein Symbol für Stärke und Fruchtbarkeit, modern gesprochen: für Produktivität. Auch im alttestamentlichen Israel gibt es Hinweise auf einen Stierkult. In 1. Könige 12,26-33 wird erzählt, dass König Jerobeam in den Heiligtümern Bethel und Dan Stierbilder aufstellen ließ. Diese sollten den Gott verkörpern, der Israel aus Ägypten geführt hat (1. Könige 12,28; vgl. Exodus 32,4).
Stierbilder verkörperten das Vertrauen der Israeliten auf Reichtum und Wachstum der Herden, die ihre Existenzgrundlage und ihr Guthaben bildeten. Indem diese zu »ihrem Gott« erklärt wurden, vollzog sich jedoch eine folgenschwere Veränderung im Glauben der Israeliten. Als Grundlage ihrer Existenz wurde nicht mehr die Gottes Fürsorge und Begleitung, sein Einsatz für Israel angesehen, sondern die wirtschaftliche Kraft und der Reichtum der Israeliten.

4. Heutige Götter

Kraft, Vitalität und Produktivität, die in den Stierkulten der antiken Welt angebetet wurden, gehören auch zu den »Göttern« des modernen Lebens. Wir »glauben« an sie und richten uns nach ihnen. Sie bestimmen unser Denken, Fühlen und Handeln. Wir verehren sie nicht in Gestalt von Stierbildern, doch auch wir haben Gegenstände, die in besonderer Weise Werte verkörpern, die uns wichtig sind. Einige Bilder solcher »Götter« habe ich mitgebracht. Ich hefte sie neben das vom goldenen Kalb. Sie passen gut daneben, weil sie eine ähnliche Wirkung auf Menschen haben.

Ordnen Sie die Bilder vom Auto, dem Fernsehapparat, der Wachstumskurve und dem Menschen nach und nach rings um das Stierbild an. Auf dem freien Raum können Sie Stichworte aus den Gesprächen über die Rolle dieser »Götter« in unserem Leben festhalten.

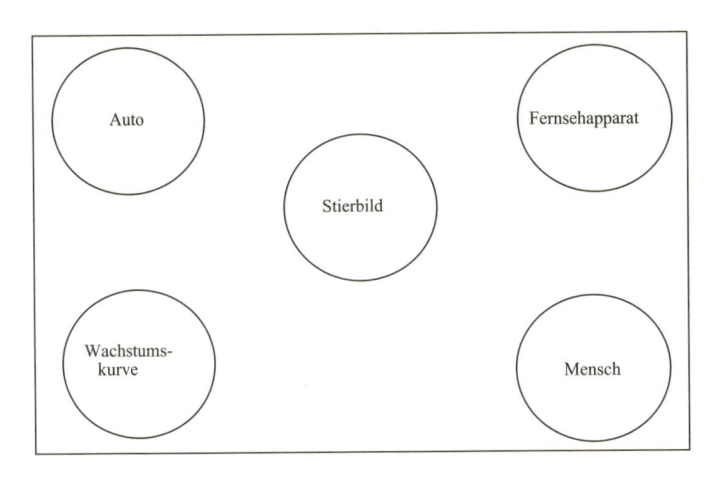

```
┌─────────────────────────────────────────────┐
│                                             │
│     ( Auto )              ( Fernsehapparat )│
│                                             │
│              ( Stierbild )                  │
│                                             │
│  ( Wachstums-             ( Mensch )        │
│    kurve )                                  │
│                                             │
└─────────────────────────────────────────────┘
```

Das Auto
Es ist für viele von uns eine unentbehrliche Hilfe – aber schon seine Unentbehrlichkeit zeigt, welchen Stellenwert es in unserem Leben einnimmt. Wir arbeiten, um es zu unterhalten und der Wert von Menschen (ihr Status) wird am Auto gemessen, das sie fahren. Wenn unser Auto einmal nicht fahren will, sind wir oft völlig hilflos. Sind wir noch Herr über unser Auto oder beherrscht es uns auf heimlich-unheimliche Weise?

Impulse für das Gespräch:

– Welche Werte »verkörpert« das Auto?
– Welche unserer Wünsche und Bedürfnisse befriedigt es?
– Was müssen wir tun, um unser Auto in Gang zu halten? Welche »Opfer« bringen wir ihm?

Der Fernsehapparat
Er steht heute in fast jeder Wohnung. Und er macht unser Leben bunt. Er versorgt uns mit Informationen und Unterhaltung und solange wir Herr über ihn sind, ist das auch gut so. Aber sehr schnell kommen wir an einen Punkt, an dem das Gerät, das uns dienen soll, zu einer Macht wird,

die uns beherrscht. Vor allem Kinder werden geradezu »fernsehkrank«. Erwachsene sind oft in der Gefahr, die Fernsehwelt für die wirkliche Welt zu halten.

Impulse für das Gespräch:

– Was schätzen wir am Fernsehen?
– Was erscheint uns problematisch?
– Wie beurteilen wir den Fernsehkonsum von Kindern?
– Fallen Ihnen Beispiele dafür ein, dass das Fernsehen uns ein verkehrtes »Welt-Bild« ins Haus liefert?
– Welchen Einfluss hat das Fernsehen auf unser Familienleben und unsere Lebensgewohnheiten?

Eine Wachstumskurve
Darstellungen wir diese sehen wir täglich in den Zeitungen. Sie geben die Börsenkurse oder das Wirtschaftswachstum wieder. Sie sehen verschieden aus, aber in einer Hinsicht ähneln sie sich: Selbst wenn sie lebhaft auf und ab gehen, steigen sie zum Ende hin doch an. Das ist ihre Art, Optimismus zu predigen. Der »Gott«, den sie abbilden, das Wachstum, ist eine der Grundlagen modernen Wirtschaftslebens. Ohne Wachstum geht es angeblich nicht. Ohne Wachstum keine Gewinne und kein Fortschritt.

Impulse für das Gespräch:

– Bedeutet Wachstum immer Fortschritt und Gewinn?
– Sind wir der Meinung, dass immer mehr Güter produziert und konsumiert werden müssen?
– Eine Gruppe niederländischer Ökonomen hat einen Grundsatz formuliert, der für das Wirtschaftsleben der reichen Länder der Erde gelten sollte: »Genug ist genug«. Was halten wir davon?

Der Mensch
Zu den »Göttern«, die heute bewusst oder unbewusst verehrt werden, gehört auch der Mensch. Die Älteren erinnern sich noch an das Dritte Reich, in dem der »Führer« den Anspruch erhob, das Denken, Fühlen und Leben eines ganzen Volkes zu bestimmen. Ähnliches hat sich auch im stalinistischen Personenkult ereignet. Wo Menschen, einzelnen und Gruppen wie einer Partei, absolute Vollmacht zugesprochen wird, werden Men-

schen zu Göttern gemacht. Und zugleich wird damit die Humanität gefährlich bedroht. Nicht zufällig war im Nazi-Jargon von »Untermenschen« die Rede.

Impulse für das Gespräch:

– Wer erinnert sich noch an das Dritte Reich oder die Zeit des Stalinismus?
– Wie wurde der »Führungsanspruch« des Führers bzw. der kommunistischen Partei begründet? Welche Auswirkungen hatte er?
– Welche weiteren Phänomene unsere heutigen Lebens deuten noch auf Vergötterung von Menschen (bzw. des Menschen) hin?
– Wie steht es mit der Verehrung von Filmstars, Rockstars oder Sportlern? Was hat sie mit einem Führerkult gemeinsam? Was unterscheidet sie davon?

5. Ein Fest mit bitterem Ende

Von unseren modernen Göttern zurück zur biblischen Erzählung vom goldenen Kalb. In ihr wird erzählt, dass die Israeliten ein Fest feiern und rund um das goldene Kalb tanzen.

Tanz um das Goldene Kalb
Der Maler Marc Chagall hat dies in einer Tuschezeichnung »Tanz um das Goldene Kalb« dargestellt.

Entweder erhalten die Gesprächsteilnehmer Kopien der Zeichnung oder Sie machen sie über den OHP sichtbar. Dann betrachten Sie gemeinsam das Bild in zwei Phasen. Die erste steht unter der Leitfrage: Was sehen wir? Sammeln Sie Wahrnehmungen und Beobachtungen der Teilnehmer. In der zweiten Phase versuchen Sie, das Wahrgenommene zu deuten.

Bildbetrachtung und Austausch
Chagall zeigt, wie das Kalb zum Mittelpunkt wird, um den sich menschliches Leben dreht – und dabei zu einem irren Tanz wird. Dabei nehmen manche Menschen ein »tierisches« Wesen an, einer wird zum Clown. Aber es bleiben auch Menschen abseits, z.B. die Mutter mit ihrem kleinen Kind unten rechts.

Impulse für das Gespräch:

– Wann gleicht heutiges Leben einem solchen Tanz?
– Wie fühlen wir uns, wenn sich das ganze Leben um einen unserer modernen Götter dreht?
– Gelingt es uns, abseits zu bleiben, oder tanzen wir mit?

Lesung
Oft nimmt der Tanz um das Goldene Kalb ein bitteres Ende. Wir lesen dazu Exodus 32,15-17.

Die Zerstörung des Standbildes durch Mose soll wohl zum Ausdruck bringen, dass das Kalbsbild nur ein ohnmächtiges Ding und kein Gott ist. Das Mose die Israeliten den Goldstaub trinken lässt, ist bittere Ironie: Sie haben ihr Gold umsonst gegeben und müssen am Ende die Suppe, die sie sich eingebrockt haben, auch noch auslöffeln. Dies Ende der Geschichte ist für alle Zeiten eine Warnung vor der Verehrung falscher Götter.

Materialanhang

Bildabdruck Marc Chagall, Der Tanz um das Goldene Kalb (vorlaufend)

Notizen zur Vorbereitung

Exodus 20,1-17 – Ordnung in Gottes Namen

Die Zehn Gebote

1.
Ich bin der Herr dein Gott. Ich habe dich aus Ägypten geführt, aus dem Sklavenhaus. Du sollst neben mir keine anderen Götter haben.
2.
Du sollst den Namen des Herren, deines Gottes, nicht mißbrauchen, denn der Herr läßt den nicht ungestraft, der seinen Namen mißbraucht.
3.
Gedenke des Sabbattages: Halte ihn heilig!
Sechs Tage darfst du schaffen und jede Arbeit tun.
Der siebte Tag ist ein Ruhetag, dem Herrn, deinem Gott geweiht. An ihm darfst du keine Arbeit tun: weder du, noch dein Sohn noch deine Tochter, noch dein Sklave und deine Sklavin, dein Vieh und der Fremde, der in deinen Stadtbereichen Wohnung hat.
4.
Ehre deinen Vater und deine Mutter, damit du lange in dem Land lebst, das der Herr, dein Gott, dir gibt.
5.
Du sollst nicht morden.
6.
Du sollst nicht die Ehe brechen.
7.
Du sollst nicht stehlen.
8.
Du sollst nicht gegen deinen Nächsten falsch aussagen.
9. + 10.
Du sollst nicht nach dem Haus deines Nächsten verlangen. Du sollst nicht nach der Frau deines Nächsten verlangen, nach seinem Sklaven oder seiner Sklavin, nach seinem Rind oder Esel oder nach irgendetwas, was deinem Nächsten gehört.

Lutherbibel, revidierter Text 1984,
© 1985 Deutsche Bibelgesellschaft Stuttgart

Sie benötigen:
Textblätter mit den Zehn Geboten und einem Auszug aus der Allgemeinen Erklärung der Menschenrechte

1. »Ordnung muss sein« – stimmt das?

Gespräch zum Einstieg
»Ordnung muss sein« – wann haben Sie das zum letzten Mal gehört oder selber gesagt? Sind Sie mit dem Satz einverstanden? Wo liegt seine Wahrheit, wo liegen seine Grenzen?

2. Gebote und Menschenrechte

Ein Textvergleich
In der Bibel wird in Gottes Namen eine Ordnung verkündet, ihre Grundsätze sind die Gebote. Im Buch Exodus stehen sie in unmittelbarem Zusammenhang mit der Erzählung vom Auszug der Israeliten aus Ägypten. Die Gebote haben eine bedeutende Wirkung entwickelt, nicht nur im Judentum und der christlichen Kirche. Am 10. Dezember 1948 verabschiedete die Vollversammlung der Vereinten Nationen die Allgemeine Erklärung der Menschenrechte – ohne Gegenstimme, aber die kommunistischen Staaten, Südafrika und Saudi-Arabien enthielten sich der Stimme. Zwar ist die Deklaration nicht völkerrechtlich verbindlich, doch haben sich seitdem zahlreiche Beschlüsse der UNO und andere amtliche Erklärungen und Staatsverfassungen auf sie berufen; so kann man sie heute als Bestandteil des allgemeinen Völkerrechts ansehen. Ihre 30 Artikel enthalten eine Reihe von Parallelen zu den Zehn Geboten der Bibel. So kann man wohl sagen, dass die Zehn Gebote in der Allgemeine Deklaration der Menschenrechte nachwirken; die Menschenrechte stehen in der Wirkungsgeschichte der Zehn Gebote.
Textvorlage Gebote und Menschenrechte – ein Vergleich
Wir lesen jetzt einen Auszug aus der Erklärung der Menschenrechte. Daneben stehen die Gebote. Während die Menschenrechte laut vorgelesen werden, können alle anderen GesprächsteilnehmerInnen sie mit den Geboten vergleichen. Danach verständigen wir uns über Gemeinsamkeiten und Unterschiede.

3. Heiligkeitsgebote und Sozialgebote

Vertiefende Information zu den Zehn Geboten
In der bildenden Kunst wird Mose oft mit zwei Steintafeln dargestellt, auf welche die Gebote geschrieben sind. Diese Darstellungen beruhen auf Exodus 31,18 und 33,1-4; 28-29. Auf den Tafeln stehen meistens nicht die Gebote, sondern nur die Zahlen von 1-10 (gewöhnlich römische Zahlen). Auf der ersten Tafel stehen in der Regel die Zahlen I -III (manchmal auch IV), die übrigen stehen auf der zweiten Tafel.
Diese Aufteilung entspricht dem Inhalt der Gebote. Die ersten drei (nach der Zählung von Luthers Katechimus) handeln vom Verhältnis zwischen Menschen und Gott. Wir können sie Heiligkeitsgebote nennen. Die anderen regeln das Verhalten von Menschen untereinander. Wir nennen sie Sozialgebote. Sie alle richteten sich übrigens nicht etwa an Kinder, sondern an die erwachsenen Israeliten.

Die Sozialgebote
Die Sozialgebote bringen zum Ausdruck, dass Gott sich schützend vor Menschen stellt, vor ihr Leben, ihre Partnerbeziehungen, ihr Eigentum, ihren guten Ruf, ihre Familie. Sie sind elementare Menschenrechte. Es geht in ihnen zwar um zwischenmenschliches Verhalten, der Gesamtzusammenhang, in dem sie stehen, macht aber deutlich, dass es im zwischenmenschlichen Verhalten immer auch um das Verhältnis der Menschen zu Gott geht.

Die Heiligkeitsgebote
Umgekehrt handeln die Heiligkeitsgebote zwar vom Verhältnis zwischen Menschen und Gott, es ist aber deutlich, dass es dabei immer auch um menschliches Leben und Zusammenleben geht. So formuliert z.B. auch das Sabbatgebot ein Menschenrecht: das Recht auf arbeitsfreie Zeit.

An den Heiligkeitsgeboten fällt auf, dass sie begründet werden. Offenbar ist das notwendig, denn das Gottesverhältnis der Israeliten war keineswegs selbstverständlich. Insbesondere die Einleitung der Gebotsreihe verdient Beachtung. Hier stellt Gott sich vor als derjenige, »der dich aus Ägypten geführt hat, aus dem Sklavenhaus«. Damit wird an den Auszug aus Ägypten erinnert, den Weg in die Freiheit. Aber tut sich hier nicht ein Widerspruch auf zwischen Freiheit und Ordnung? Es lohnt sich, diesen Widerspruch zu diskutieren.

4. Gott der Freiheit und der Ordnung

Impulse für ein Gespräch:
– Freiheit und Ordnung geraten oft in Konflikt miteinander. Fallen Ihnen dazu Beispiele ein?
– Wann und wo schränken Ordnungen Freiheit ein?
– Wann und wo bedroht Freiheit die Ordnung?

Abschließende Überlegungen
Ordnung und Freiheit müssen nicht immer im Widerspruch stehen. Sie können sich sinnvoll ergänzen. Ein gutes Beispiel ist der Straßenverkehr. Ohne eine von allen akzeptierte Ordnung geht es dabei nicht. Andererseits ist es manchmal hilfreich, wenn Verkehrsteilnehmer die Ordnung umgehen (z.B. wenn jemand einem anderen die Vorfahrt überlässt, damit der sich in den fließenden Verkehr »einfädeln« kann).

Freiheit und Ordnung
Die Geschichte vom Exodus der Israeliten bewegt sich zwischen zwei scheinbar widersprüchlichen Polen: Freiheit und Ordnung. Beide werden miteinander in Beziehung gebracht: Ordnung ist notwendig, damit Freiheit bewahrt werden kann.
Die Geschichte vom Exodus ist ein Glaubensbekenntnis in Erzählform. Sie bringt die spannungsvolle Beziehung zwischen Freiheit und Ordnung mit Gott in Verbindung. Israels Gottesverständnis ist bestimmt von zwei widersprüchlichen Erfahrungen: Im Exodus hat Gott seinem Volk die Existenz in Freiheit ermöglicht; im Mose-Bund hat er ihm einen Ordnungsrahmen gesetzt, der Freiheit einschränkt. Für den Gott Israels gibt es keine einfache Formel. Er ist sowohl ein Gott der Freiheit, als auch ein Gott der Ordnung.

Materialanhang

Kopiervorlage Gebote und Menschenrechte – ein Vergleich

Notizen zur Vorbereitung

Gebote und Menschenrechte - ein Vergleich

Die zehn Gebote (Zählung nach Luthers Kleinem Katechismus)	Allgemeine Erklärung der Menschenrechte (UNO-Vollversammlung 1948)
1. Ich bin der Herr dein Gott. Ich habe dich aus Ägypten geführt, aus dem Sklavenhaus. Du sollst neben mir keine anderen Götter haben.	1. Alle Menschen sind frei und gleich an Würde und Rechten geboren. Sie sind mit Vernunft und Gewissen begabt und sollen einander im Geiste der Brüderlichkeit begegnen.
2. Du sollst den Namen des Herren, deines Gottes, nicht mißbrauchen, denn der Herr läßt den nicht ungestraft, der seinen Namen mißbraucht.	29. Jeder Mensch hat Pflichten gegenüber der Gemeinschaft, in der allein die freie und volle Entwicklung seiner Persönlichkeit möglich ist.
3. Gedenke des Sabbattages: Halte ihn heilig! Sechs Tage darfst du schaffen und jede Arbeit tun. Der siebte Tag ist ein Ruhetag, dem Herrn, deinem Gott geweiht. An ihm darfst du keine Arbeit tun: weder du, noch dein Sohn noch deine Tochter, noch dein Sklave und deine Sklavin, dein Vieh und der Fremde, der in deinen Stadtbereichen Wohnung hat.	24. Jeder Mensch hat Anspruch auf Erholung und Freizeit sowie auf eine vernünftige Begrenzung der Arbeitszeit und auf periodischen, bezahlten Urlaub.
4. Ehre deinen Vater und deine Mutter, damit du lange in dem Land lebst, das der Herr, dein Gott, dir gibt.	25. Jeder Mensch hat ... das Recht auf Sicherheit im Falle von Arbeitslosigkeit, Krankheit, Invalidität, Verwitwung, Alter ...
5. Du sollst nicht morden.	3. Jeder Mensch hat das Recht auf Leben, Freiheit und Sicherheit der Person.
6. Du sollst nicht die Ehe brechen.	16. Heiratsfähige Männer und Frauen haben ... das Recht, eine Ehe zu schließen und eine Familie zu gründen.. Sie haben bei der Eheschließung, während der Ehe und bei deren Auflösung gleiche Rechte. ... Die Familie ist die natürliche und grundlegende Einheit der Gesellschaft und hat Anspruch auf Schutz durch Gesellschaft und Staat.
7. Du sollst nicht stehlen.	17. Jeder Mensch hat allein oder in Gemeinschaft mit anderen Recht auf Eigentum. Niemand darf willkürlich seines Eigentums beraubt werden.
8. Du sollst nicht gegen deinen Nächsten falsch aussagen.	12. Niemand darf willkürlichen Eingriffen in sein Privatleben, seine Familie, sein Heim oder seinen Briefwechsel noch Angriffen auf seine Ehre und seinen Ruf ausgesetzt werden. Jeder Mensch hat Anspruch auf Rechtsschutz gegen derartige Eingriffe oder Anschläge.
9. + 10. Du sollst nicht nach dem Haus deines Nächsten verlangen. Du sollst nicht nach der Frau deines Nächsten verlangen, nach seinem Sklaven oder seiner Sklavin, nach seinem Rind oder Esel oder nach irgendetwas, was deinem Nächsten gehört.	22. Jeder Mensch hat als Mitglied der Gesellschaft das Recht auf soziale Sicherheit

Am Jordan und auf dem Berg

Worte und Handlungen Jesu
nach dem Matthäusevangelium

Am Jordan
Matthäus 3, 13-17 – Die Taufe Jesu
Matthäus 8, 28-34 – Die Heilung der Besessenen
Matthäus 15, 21-28 – ... und Jesus legte sein Vorurteil ab

Auf dem Berg
Ungewohnte Logik – Einführung in die Seligpreisungen
Matthäus 5, 3 – Glücklich die Armen
Matthäus 5, 5 – Lob der Gewaltlosigkeit
Matthäus 5, 9 – Frieden schaffen – kann ich das?

Matthäus 3, 13-17 – Die Taufe Jesu

Dix, Otto   Die Taufe Jesu © VG Bild-Kunst, Bonn 2002

Sie benötigen:
- *für alle Gesprächsteilnehmer eine Kopie der Lithographie »Die Taufe Jesu« von Otto Dix sowie eine Kopie des Textblattes Matthäus 3,7-10; 3,13-17 und Lukas 3,7-14 und eine Kopie des Textblattes »Wer war Johannes der Täufer?«.*

1. Bildbetrachtung Teil 1 und Gespräch

Bildvorlage von Otto Dix, Die Taufe Jesu
– Was sehen wir darauf?
– Was gefällt uns?
– Was stößt uns eher ab?
– Was finden wir merkwürdig?

Informationen über Otto Dix
Otto Dix wurde 1891 in der Nähe von Gera geboren. Er besuchte die Kunstgewerbeschule in Dresden. 1914 musste er als Soldat im Ersten Weltkrieg nach Flandern und Frankreich. Seine Kriegserlebnisse gab er in zahlreichen Zeichnungen und Radierungen wieder. 1927 wurde er Professor für Malerei an der Kunstakademie Dresden. Im April 1933 wurde er durch die Nazis entlassen. 1934 erhielt er als »entarteter Künstler« Ausstellungsverbot. In der Nazi-Ausstellung »Entartete Kunst« wurden acht seiner Werke gezeigt. 260 seiner Werke aus Museen wurden beschlagnahmt. 1936 siedelte Dix nach Hemmenhofen am Bodensee um. 1939 war er vorübergehend in Gestapo-Haft. 1945 wurde er zum »Volkssturm« eingezogen und geriet in französische Kriegsgefangenschaft. Seit 1946 wohnte er in Hemmenhofen, reiste aber bis 1966 jährlich auch zu Arbeitsaufenthalten nach Dresden. Seine Werke wurden auf zahlreichen Ausstellungen in Deutschland und anderen europäischen Ländern gezeigt. 1969 verstarb er in Singen und wurde in Hemmenhofen bestattet.
Otto Dix hat sich nicht als Christ verstanden. »Ich bin kein Christ, denn das kann und will ich gar nicht halten, die große und wesentliche Forderung 'Folge mir nach'«. Dennoch hat er zahlreiche Zeichnungen, Graphiken und Gemälde zu religiösen Themen geschaffen: zu Heiligenlegenden und biblischen Themen. Für ihn waren das Urthemen der Menschheit, die jeder Generation neu zu denken geben. Er selbst sah die biblischen Geschichten im Licht seiner Erlebnisse in den Weltkriegen und der Nazi-Zeit. Er hat daher keine religiösen Helden in Heiligen- und Glorienschein dar-

gestellt, sondern die biblischen Gestalten in eine Alltagswelt hineingestellt, in der äußere Not und innere Leere herrschen. »Mein Leben war Anlass genug, die Passion am Bruder, ja am eigenen Leib durch zu leben. Hiob, Christophorus, der verlorene Sohn, Petrus mit dem Hahn – das alles sind nicht einfach biblische Themen, die ich um ihrer Interessantheit willen gestaltete, sondern sie sind Gleichnisse meiner selbst und der Menschheit. Das ist es, was mich drängt.«

1959 wurde Dix von einem Verlag um Lithographien zum Matthäusevangelium gebeten. Daraufhin hat er bis 1960 eine Folge von 33 Lithographien gestaltet. Das Bild »Die Taufe Jesu« gehört dazu.

2. Wer war Johannes?

Arbeitsblatt »Wer war Johannes der Täufer?«
In Kleingruppen wird je ein Aspekt (oder zwei Aspekte) zur Person Johannes erarbeitet. Anschließend werden die Ergebnisse zusammengetragen.

3. Die Berichte von Matthäus und Lukas

Textblatt Der Täufer Johannes
Wir lesen Matthäus 3,7-10 und Lukas 3,7-14 und achten dabei auf Gemeinsamkeiten und Verschiedenheiten. Zum Beispiel achten wir darauf, welche Personengruppen in beiden Texten erwähnt werden.

Textvergleich
Beide Evangelisten geben die Predigt des Täufers wieder, z.T. sogar in wörtlicher Übereinstimmung. Der Personenkreis, an den sich die Verkündigung des Täufers richtet, ist jedoch beide Male unterschiedlich. Matthäus, der sein Evangelium für Christen jüdischer Herkunft schrieb, nennt als Gesprächspartner des Johannes Vertreter von zwei wichtigen jüdischen Gruppen, Pharisäer und Sadduzäer. Lukas, der sein Evangelium für eine aus früheren Juden und Heiden gemischte Gemeinde mit großen sozialen Unterschieden schrieb, nennt zunächst das »Volk« als Adressaten der Predigt des Johannes. Dann werden konkrete Stände angesprochen: Reichere, die mehr Nahrung und Kleidung besitzen, als sie selber brauchen, werden zum Teilen aufgefordert; Zöllner, die im Volk Israel wegen ihrer Zu-

sammenarbeit mit den Römern und wegen illegaler Bereicherung verachtet wurden, werden zu gerechtem Verhalten aufgefordert. Schließlich werden Soldaten angesprochen. Da Juden im Römischen Reich nicht wehrpflichtig waren, hat der Verfasser des Lukasevangeliums wohl an Heiden gedacht. Der Vergleich zwischen beiden Texten zeigt, dass die Evangelisten Matthäus und Lukas den Täufer Johannes in die Situation ihrer jeweiligen Gemeinde hinein sprechen ließen. Es ging ihnen also gar nicht darum, ein historisch getreues Bild von ihm zu zeichnen, wichtiger war ihnen, dass die Botschaft des Johannes zu dem passte, was sie ihren (sehr unterschiedlichen!) Gemeinden mitteilen wollten.

Jesus und Johannes
Das gilt erst recht für die Darstellung des Verhältnisses zwischen Jesus und dem Täufer Johannes. Die Hoffnung der christlichen Kirche gipfelt nicht (wie die Predigt des Johannes) in der Erwartung eines zukünftigen Weltrichters, der Gute und Böse mit Geist und Feuer voneinander trennt, sondern im Glauben daran, dass mit dem Kommen von Jesus Gottes Herrschaft bereits gegenwärtige Wirklichkeit ist. Diesen Widerspruch zwischen der Verkündigung des Täufers und dem Glauben an Jesus Christus bewältigen die Evangelien auf unterschiedliche Weise:
– Im ältesten Evangelium, dem Markusevangelium (verfasst um das Jahr 70 unserer Zeitrechnung), wird Johannes als Bote charakterisiert, der die Ankunft des Messias ankündigt (Markus 1,2 mit einem Zitat aus Maleachi 3,1 und Jesaja 40,3).
– Im jüngsten Evangelium, dem Johannesevangelium (verfasst um das Jahr 100 unserer Zeitrechnung), nennt der Täufer Jesus »das Lamm Gottes, das die Sünde der Welt hinwegnimmt« und sagt: »Ich sah, daß der Geist Gottes wie eine Taube vom Himmel herabkam und auf ihm blieb ... Ich habe es gesehen und bezeuge es: Dieser ist der Erwählte Gottes.« (Johannes 1,29-34). Hier wird also der Täufer noch betonter als im Markusevangelium zum Zeugen dafür, dass Jesus der Messias ist. Der Täufer wird von der christlichen Kirche für ihre eigene Verkündigung in Anspruch genommen. Der Hauptgrund dafür dürfte darin liegen, dass parallel zur frühchristlichen Bewegung eine Bewegung von Täuferjüngern entstanden war. Jesus selbst war wahrscheinlich eine Zeitlang Anhänger des Täufers, wie die Erzählung über seine Taufe nahelegt. Zwischen christlicher Kirche und Täuferbewegung muss eine Zeitlang erhebliche Konkurrenz geherrscht haben (vgl. die Existenz von Täuferjüngern in Ephesus nach Apostelge-

schichte 19,1-7). Angesichts einer immer stärker werdenden Täuferbewegung ließen die christlichen Evangelisten den Täufer selbst zum Ausdruck bringen, dass Jesus der Gesandte Gottes sei. Das dies im Markusevangelium noch relativ vorsichtig geschieht, im späteren Johannesevangelium dagegen sehr nachdrücklich, deutet darauf hin, dass der Konkurrenzdruck der Täuferbewegung zwischen der Abfassung des Markusevangeliums und des Johannesevangeliums stärker geworden ist.

– Das lassen auch das Matthäus- und Lukasevangelium erkennen. Beide sind zwischen dem Markus- und Johannesevangelium entstanden (80 – 90 unserer Zeitrechnung). Der Verfasser des Lukasevangeliums bewältigt die Konkurrenz zwischen Jesus- und Täuferbewegung auf eine interessante Art. Er erzählt über die Geburt von Johannes (Lukas 1) und Jesus (Lukas 2) und erwähnt dabei, dass Elisabeth, die Mutter des Johannes, und Maria, die Mutter von Jesus, verwandt gewesen seien (Lukas 1,36). Das ältere Markusevangelium sagt davon nichts. Als historischer Fakt ist es auch unwahrscheinlich. Dem Evangelisten Lukas ging es bei seiner Erzählung um etwas ganz anderes: Er wollte deutlich machen, dass Jesusbewegung und Täuferbewegung eng verwandt sind und sich daher nicht bekämpfen sollten. Allerdings erklärt Lukas auch, dass Jesus schon größer als Johannes war, bevor beide geboren waren: Als die schwangere Maria die (ebenfalls schwangere) Elisabeth besucht, begrüßt diese sie: »Gesegnet bist du vor allen Frauen, und gesegnet ist die Frucht deines Leibes. Wer bin ich, daß die Mutter meines Herrn zu mir kommt? In dem Augenblick, als ich deinen Gruß hörte, bewegte sich vor Freude das Kind in meinem Leib.« (Lukas 1,39-44)

– Im Matthäusevangelium sagt der Täufer selber etwas Ähnliches zu Jesus. Jesus kommt zum Jordan, um sich von Johannes taufen zu lassen, doch »wollte Johannes das nicht zulassen und sagte zu ihm: Ich müsste von dir getauft werden, und du kommst zu mir?« (Matthäus 3,14).

Die Evangelisten haben also auf unterschiedliche Weise den Täufer zum Zeugen dafür gemacht, dass Jesus Gottes Sohn und Messias ist. Dazu gehörte, dass dem Täufer im Verhältnis zu Jesus die geringere Bedeutung zugewiesen wurde: Der Täufer Johannes musste möglichst klein erscheinen, damit Jesus möglichst groß erschien. Im Johannesevangelium sagt der Täufer das selbst: »Er muß wachsen, ich muß abnehmen« (Johannes 3,30). Die später entstandenen Evangelien bringen dies stärker zum Ausdruck als das älteste (Markusevangelium) – ein Hinweis auf wachsende Konkurrenz zwischen christlichen Gemeinden und Anhängern des Täufers.

Trotzdem wurde die Tatsache, dass Jesus von Johannes getauft worden war, von keinem Evangelisten verschwiegen, obwohl sie für die frühe Kirche nicht unproblematisch war. Denn sie zeigt, dass Jesus selbst offenkundig einmal ein Anhänger des Johannes war. Das die Evangelisten die Taufe Jesu durch Johannes nicht verschweigen, ist ein wichtiger Hinweis darauf, dass hier ein historischer Fakt aus dem Leben Jesu vorliegt.

4. Bildbetrachtung Teil 2

Otto Dix: Die Taufe Jesu
Nach der theologischen Information wieder zurück zu Otto Dix' Lithographie »Die Taufe Jesu«.

Lesung
Wir lesen Matthäus 3,13-17.

Bildbetrachtung
Dann schauen wir gemeinsam das Bild an. Es ist gut, dabei in zwei Schritten vorzugehen:

1. Was sehen wir?
2. Wie deuten wir, was wir sehen?

Sie können z.B. folgende Fragen stellen und Hinweise geben:
– Wie ist der Täufer hier dargestellt, verglichen mit der Darstellung durch die Evangelisten? Während die Evangelisten bemüht sind, den Täufer kleiner zu machen als Jesus, hat Dix ihn über Jesus gestellt: Johannes steht beherrschend im Bild. Was wird damit zum Ausdruck gebracht?
– Die Hand des Täufers ist unproportional groß. Was wollte der Maler damit ausdrücken?
– In der Hand des Täufers bündeln sich die Strahlen, die von oben kommen, und das Taufwasser, das nach unten fließt, wie in einer Linse. Was wird damit ausgedrückt?
– Die Hand des Täufers schwebt nicht nur gebend und (vielleicht) schützend, väterlich über Jesus. Sie ist auch den Betrachtern des Bildes – uns also – zugekehrt. Sagt sie uns etwas?
– Jesus erscheint auf dem Bild klein, ausgezehrt, geradezu hilfsbedürftig, Johannes dagegen groß und kraftvoll. In seiner Hand bündelt sich die Kraft, die von Gott kommt, zu einem Segen, der an Jesu weitergegeben

wird. Johannes ist sozusagen der Mittler zwischen Jesus und der Kraftquelle Gott. Das entspricht zwar nicht der Aussage der biblischen Texte, aber möglicherweise haben wir schon erlebt, dass Menschen in der Lage sind, anderen Mut, Hoffnung, »Geist« zu vermitteln.

5. Von der Bildbetrachtung zur Selbstbetrachtung

Das Bild von Otto Dix will nicht nur Illustration zum Bibeltext sein, es will auch eine Art »Spiegel« sein, in den wir hineinsehen können, um darin etwas von uns selbst zu entdecken.
Wir alle sind mitunter in der Rolle von Jesus, wie Otto Dix ihn hier dargestellt hat: klein, ärmlich, hilfsbedürftig. Dann wieder sind wir in der Rolle des Johannes: Wir fühlen uns stark, wir haben eine Aufgabe, können anderen helfen, Kraft zu bekommen, können Segen weitergeben.
Finden Sie sich in dem Bild von Otto Dix wieder? Wenn ja: Wo?

Materialanhang

Bildabdruck Otto Dix, Die Taufe Jesu (einleitend)
Kopiervorlage Wer war Johannes der Täufer?
Kopiervorlage Der Täufer Johannes

Notizen zur Vorbereitung

Wer war Johannes der Täufer?

Alle vier Evangelium erzählen vom Auftreten des Täufers Johannes, bevor sie über die Wirksamkeit von Jesus berichten. Wir gewinnen aus den verschiedenen Informationen folgendes Bild:
• Johannes ist im 15. Regierungsjahr des römischen Kaisers Tiberius aufgetreten, d.h. etwa im Jahr 28 unserer Zeitrechnung (Lukas 3,1). Er predigte in der Wüste am Jordan, wo man auch heute noch Touristen die (legendäre) Taufstelle zeigt.
• Seine äußere Erscheinung (Asketengewand) und Nahrung (Markus 1,6; Matthäus 3,4) erinnert an den Propheten Elia, von dem in 1. Könige 17-19; 21 und 2. Könige 1 erzählt wird. Mit Elia verbanden viele Juden zur Zeit von Jesus die Erwartung, dass er das Kommen des Messias ankündigen würde.
• Die Predigt des Täufers Johannes erinnert an die alttestamentlicher Propheten (Matthäus 3,7-12; Lukas 3,7-14). Johannes warnte die Juden vor falscher Heilssicherheit. Er kündigte den kommenden Weltrichter an, von dem er sagte: Durch eine Geist- und Feuertaufe wird er Spreu vom Weizen trennen. Er ermahnte die Hörer seiner Predigt, ihr Leben zu ändern und sich zur Vorbereitung für das kommende Gericht im Jordan taufen zu lassen.
• Johannes löste mit dieser Predigt offenbar in Palästina eine Volksbewegung aus. Die Bewegung der Täuferjünger verbreitete sich später auch über Palästina hinaus. Zum Beispiel wird in Apostelgeschichte 19,1-7 erzählt, dass Paulus auf einer seiner Reisen in Ephesus (Westküste der heutigen Türkei) auf eine Gruppe von Täuferjüngern stieß.
• Der galiläische König Herodes Antipas sah offenbar im Auftreten des Täufers und in dessen Popularität eine Gefahr; er ließ ihn gefangen nehmen und hinrichten (Markus 6,17-29; Matthäus 14,3-12; Lukas 3,19-20). Neben den Evangelien berichtet darüber auch der jüdische Schriftsteller Flavius Josephus in seinem Buch »Jüdische Altertümer« (verfasst um 90 unserer Zeitrechnung):
»Johannes war ein guter Mann, der die Juden anhielt, nach Vollkommenheit zu streben, indem er sie ermahnte, Gerechtigkeit gegeneinander und Frömmigkeit gegen Gott zu üben und zur Taufe zusammenzukommen. ... Da nun infolge der wunderbaren Anziehungskraft solcher Reden die Leute zu Johannes strömten, fürchtete Herodes, das Ansehen des Mannes,

dessen Rat allgemein befolgt zu werden schien, könnte das Volk zum Aufruhr treiben, und hielt es daher für besser, ihn rechtzeitig aus dem Wege zu räumen, als bei einer Wendung der Dinge in Gefahr zu geraten und seine Unschlüssigkeit bereuen zu müssen. Also ließ Herodes den Johannes in Ketten legen, nach der Festung Machaerus bringen und dort hinrichten.«
• Der Bericht des Josephus bestätigt grundsätzlich die neutestamentlichen Berichte über Johannes. Josephus schreibt allerdings als Historiker, während die neutestamentlichen Evangelisten Person und Predigt des Johannes in ihre Verkündigung einbeziehen. Dabei wird das Bild des Johannes vom Standpunkt der christlichen Gemeinde aus gestaltet.

Der Täufer Johannes

Matthäus 3, 7-10	Lukas 3,7-14
Als Johannes sah, daß viele <u>Pharisäer und Sadduzäer</u> zur Taufe kamen, sagte er zu ihnen:	Das <u>Volk</u> zog in Scharen zu Johannes hinaus, um sich von ihm taufen zu lassen. Er sagte zu ihnen:
Ihr Schlangenbrut, wer hat euch denn gelehrt, daß ihr dem kommenden Gericht entrinnen könnt? Bringt Frucht hervor, die eure Umkehr zeigt, und meint nicht, ihr könntet sagen: Wir haben ja Abraham zum Vater. Denn ich sage euch: Gott kann aus diesen Steinen Kinder Abrahams machen. Schon ist die Axt an die Wurzel der Bäume gelegt; jeder Baum, der keine gute Frucht hervorbringt, wird umgehauen und ins Feuer geworfen.	Ihr Schlangenbrut, wer hat euch denn gelehrt, daß ihr dem kommenden Gericht entrinnen könnt? Bringt Frucht hervor, die eure Umkehr zeigt, und meint nicht, ihr könntet sagen: Wir haben ja Abraham zum Vater. Denn ich sage euch: Gott kann aus diesen Steinen Kinder Abrahams machen. Schon ist die Axt an die Wurzel der Bäume gelegt; jeder Baum, der keine gute Frucht hervorbringt, wird umgehauen und ins Feuer geworfen.
	Da fragten ihn die Leute: Was sollen wir tun? Er antwortete ihnen: Wer zwei Gewänder hat, der gebe eines davon dem, der keines hat, und wer zu essen hat, der handle ebenso. Es kamen auch <u>Zöllner</u> zu ihm, um sich taufen zu lassen und fragten: Was sollen wir tun? Er sagte zu ihnen: Verlangt nicht mehr als festgesetzt ist. <u>Soldaten</u> fragten ihn: Was sollen wir denn tun? Und er sagte zu ihnen: Mißhandelt niemand, erpreßt niemand, begnügt euch mit eurem Sold!

Lutherbibel, revidierter Text 1984,
© 1985 Deutsche Bibelgesellschaft Stuttgart

Matthäus 8, 28-34 –
Die Heilung der Besessenen

Dix, Otto   Die Heilung der Besessenen © VG Bild-Kunst, Bonn 2002

Sie benötigen:
- *für alle GesprächsteilnehmerInnen eine Kopie der Zeichnung »Die Heilung der Besessenen«;*
- *Bibeln (Neue Testamente);*
- *zwei Bögen Papier (A2 oder große Stücke Packpapier). In die Mitte eines Bogens schreiben sie recht groß:*

SIND WIR VERRÜCKT?

1. Sind wir verrückt?

Das ist der Titel eines Buches, welches vor mehreren Jahren erschien. Auf dem Umschlag war er so ähnlich geschrieben wie auf diesem Bogen Papier. Dadurch wurde deutlich: »verrückt« meint hier nicht eine Geisteskrankheit, sondern einen kranken Zeitgeist. Es heißt, dass Menschen und Verhältnisse aus den Fugen geraten und durcheinander gerüttelt sind. Auch einige von uns haben sich wohl schon gefragt: Ist unser Leben, das private wie das gesellschaftliche, so wie es ist, überhaupt noch in Ordnung? Oder ist da etwas durcheinander gekommen, was wir zwar nicht persönlich verursacht haben, an dem wir jedoch alle teilhaben – gewollt oder ungewollt?

Gespräch
Wir wollen uns darüber unterhalten, was uns »ver-rückt« vorkommt
– in unserer Welt,
– in unserer Gesellschaft,
– in unserer Umgebung,
– in unserer Familie,
– in unserem eigenen Verhalten

Stichpunkte aus dem Gespräch schreiben wir rund um den Satz »Sind wir verrückt?«.

Ein mögliches Gesprächsergebnis könnte sein: In der Tat, wir sind verrückt. Manches an unserem Lebensstil, viele gesellschaftliche Verhaltensmuster, modische Trends, das Verhalten bestimmter Bevölkerungsgruppen sind nicht »in Ordnung«, auch wenn sie als »normal« ausgegeben und hingenommen werden.

2. Bildbetrachtung Teil 1

Bildbetrachtung und Gespräch
Das vorliegende Bild ist ein Entwurf für eines der Bilder, die Otto Dix 1960 zum Matthäusevangelium geschaffen hat.
– Was sehen wir auf dem Bild?
– Wie deuten wir, was wir sehen?
– Erinnert das Bild uns an etwas, das wir erlebt oder von anderen gehört haben?

3. Zwei Ver-rückte

Lesung Matthäus 8, 28-34.
Der Bericht handelt von der Heilung zweier besessener Männer. Sie sind »ver-rückt«. Ihr Zustand wird nicht so geschildert, dass wir sie als »geisteskrank« bezeichnen müssen; der Ausdruck gibt mehr her. Vielleicht sind sie durch die Verhältnisse so geworden, wie der Maler Otto Dix sie dargestellt hat. Vielleicht standen sie unter dem Druck anderer Menschen, unter dem Einfluss von Ereignissen, waren besessen von gefährlichen Ideen. Wir wissen über die Ursache ihrer Besessenheit nichts. In der Antike erklärte man »Besessenheit« jedenfalls damit, dass Menschen, die sich selbst nicht mehr kontrollieren konnten und »außer sich« waren, von Dämonen beherrscht wurden: Von fremden Mächten, die Menschen »besetzen« konnten, so dass sie zu »Besessenen« wurden. Diese Erklärung für ihren Zustand gibt auch die Erzählung Matthäus 8,28-34.

Was uns irritiert
Wir schreiben auf einen zweiten großen Bogen Papier, für alle sichtbar, was uns an dem Text unverständlich ist, uns befremdet oder sogar unseren Widerspruch hervorruft.

Die Liste, die dabei entsteht, könnte etwa so aussehen:
– Besessene wohnen in Grabhöhlen

– Besessene machen die Straße unsicher
– Besessene wissen: Jesus ist Gottes Sohn
– «quälen bevor es Zeit ist»
– Dämonen reden mit Jesus
– Dämonen fahren in die Säue
– arme Schweine, sie ertrinken!
– Bewohner von Gadara bitten Jesus, aus ihrer Gegend fortzugehen

Erklärungen und Informationen
Gadara ist ein kleiner Ort in der Nähe des Sees Genezareth. In der Parallelerzählung des Markusevangeliums ist von einem Ort Gerasa die Rede. Beide Ortsnamen verweisen in das Gebiet der »Zehn Städte« östlich vom See Genezareth, wo eine jüdisch-heidnische Mischbevölkerung lebte.

Die Besessenen wohnen in Grabhöhlen:
Im Mittelmeerraum wurden die Toten oft in Höhlen bestattet, die in Felsen gehauen waren. Nach ungefähr einem Jahr wurden die Gebeine in ein »Beinhaus« gelegt (der Tote wurde »versammelt zu seinen Vätern«). So wurde die Höhle frei für die nächste Bestattung. In den meisten Grabstätten werden also immer Grabhöhlen frei gewesen sein.
Das die Besessenen in Grabhöhlen leben, zeigt vor allem: Sie sind aus der Welt der Lebenden ausgestoßen, völlig isoliert. Durch die Erzählung schimmert aber auch Jesaja 65,1-5 hindurch, wo über abtrünnige Israeliten und Götzendiener gesagt wird: »Sie sitzen in Gräbern und bleiben über Nacht in Höhlen, essen Schweinefleisch und haben Greuelsuppen in ihren Töpfen und sagen: Bleib weg, rühr mich nicht an.«
Die Besessenen machen die Straße unsicher, so dass niemand sie benutzen kann. Ausgrenzung von Menschen aus der Gesellschaft und Aggressivität gehen oft Hand in Hand, das kennen wir aus heutiger Erfahrung. Die Besessenen gefährden die öffentliche Ordnung.
Die Dämonen kennen Jesus, während sich die Menschen noch fragen: »Was ist das für einer?« (siehe den Schluss der vorhergehenden Erzählung, Matthäus 8, 27). Das wird im Neuen Testament öfter erzählt. Damit soll ausgedrückt werden: Die gottfeindlichen Mächte haben ein »Gefühl« dafür, dass Jesus die Un-Ordnung, die unter ihrer Herrschaft entsteht, im Namen Gottes ablehnt.
Hinter der Frage **»Willst du uns quälen bevor es Zeit ist?«** steht die Vorstellung, dass es einmal eine Zeit geben wird, in der »himmlischer Friede« herrscht und die Macht aller Gott feindlichen Kräfte gebrochen ist. In un-

serer Erzählung wird mit dieser Frage angedeutet, dass mit Jesus schon etwas von Gottes Herrschaft spürbar wird.

Die Dämonen bitten Jesus, in eine Herde **Schweine** fahren zu dürfen – und die ertrinken! Hinter diesem Zug der Erzählung steht die jüdische Auffassung, dass Schweine unreine Tiere sind – also der richtige Ort für einen Dämon. Auch dass die Tiere sich ins **Meer** stürzen und ertrinken, hängt mit der (schon im Alten Testament zu findenden) Vorstellung zusammen, dass das Meer das Chaos verkörpert, die Unordnung, die vor der Schöpfung herrschte und alles Geschaffene immer noch bedroht. Übrigens liegt weder Gadara noch Gerasa am Meer, nicht einmal unmittelbar am See Genezareth; den Erzählern der Geschichte ging es also nicht um geographisch korrekte Angaben; sie wollten vielmehr zum Ausdruck bringen, dass die Dämonen in den Menschen am falschen Platz sind und Jesus dafür sorgt, dass sie dorthin kommen, wo sie hergekommen sind: in den Bereich des Chaos, der Unordnung. Mitleid mit den »armen Schweinen« ist daher nicht im Sinn der Erzählung.

Die Bewohner von Gadara bitten Jesus, aus ihrer Gegend fortzugehen. Dieser Schluss der Geschichte überrascht vielleicht am meisten. Man sollte Freude, Dankbarkeit, Lob erwarten. Der Verdacht drängt sich auf, dass die Leute von Gadara die Heilung der Besessenen als etwas empfanden, was »ihre« Ordnung störte: Für sie war die Welt, so wie sie war, in Ordnung. Dazu gehörte, dass Menschen unter dem Einfluss fremder Mächte standen, aus der Welt der Lebenden ausgewiesen wurden, aggressiv wurden und das öffentliche Leben gefährdeten. Die Einwohner von Gadara hatten sich an die dämonische Un-Ordnung gewöhnt und empfanden Jesus wegen seines heilenden Handelns als Störenfried!

Wenn wir abschließend noch einmal die Erzählung als ganze betrachten, wird deutlich: Jesus findet eine »Ordnung« vor, die im Grunde Un-Ordnung ist. Die »Besessenen« sind ihre Opfer; zugleich macht ihre Aggressivität die Umgebung unfriedlich und gefährlich für andere Menschen. Die Erzählung schildert uns, wie Jesus dieser Un-Ordnung entgegentritt, sie begrenzt und an ihrer Stelle eine neue Ordnung zur Geltung bringt.

4. Bildbetrachtung Teil 2

Bildbetrachtung
Das bringt die Zeichnung von Otto Dix sehr schön zum Ausdruck: Die Straße, auf der die »Besessenen« daher gestürmt kommen, führt auf die

Betrachter – auf uns also – zu. Wie ist Jesus in dargestellt? Was drückt seine Haltung aus? Er steht auf der Straße mit erhobenen Händen: die Gefahr abwehrend hält er die Straße frei, wie ein Verkehrspolizist.

Gespräch
Ausgehend von dieser Beobachtung fragen wir uns:
– Wo sind in unserer Welt Menschen und Kräfte wirksam, um – wie Jesus – die »Verrücktheit« unserer Zeit und Welt zu bekämpfen, zu begrenzen?

5. Die Ver-rücktheit geht uns an

Die Kombination von Bibellektüre und Bildbetrachtung zeigt: Die Erzählung von der Heilung der Besessenen ist keine abwegige Erzählung, die lediglich in ferner Vergangenheit spielt, sondern »geht uns an«: sie hat etwas mit unserem Leben zu tun. Sie will uns selbst zu einer Stellungnahme »provozieren«, zum Nachdenken darüber, was wir »in Ordnung« finden und was nicht. Das geschieht vor allem durch ihren Schluss. Deutlich wird dies, wenn wir ihn mit der Parallelerzählung im Markusevangelium vergleichen (Markus 5,1-20). Das Markusevangelium ist ca. 20 Jahre älter als das Matthäusevangelium. Der Verfasser des Matthäusevangeliums hat die Erzählung des Markus gekannt und ganz bewusst verändert. Von den vielen Veränderungen (bei Markus ist von *einem* Besessenen die Rede, die Geschichte ist mit vielen Einzelheiten bunt ausgemalt und viel länger als die des Matthäus) wollen wir jetzt nur auf eine achten:
Der Schluss der Erzählung ist im Markusevangelium anders. Auch dort fordern die Einwohner der Stadt Jesus auf, ihr Gebiet zu verlassen. Dann aber bittet der Geheilte, bei Jesus bleiben zu dürfen. Jesus aber »erlaubte es ihm nicht, sondern sagte: Geh nach Hause und berichte deiner Familie alles, was der Herr für dich getan und wie er Erbarmen mit dir gehabt hat. Da ging der Mann weg und verkündete im ganzen Gebiet der zehn Städte, was Jesus für ihn getan hatte, und alle staunten.«(Markus 5,19-20). Diesen »positiven« Schluss hat der Evangelist Matthäus gestrichen. Statt dessen konfrontiert er seine Leser mit der »offenen« Situation, die durch die Ablehnung Jesu durch die Leute von Gadara entsteht.
Das erinnert an den Schluss von Bertolt Brechts Stück »Der gute Mensch von Sezuan«. Dort heißt es:

Verehrtes Publikum, los, such dir selbst den Schluß.
Es muß ein guter da sein, muß, muß, muß!«

Der offene Schluss, den Matthäus der Erzählung von der Heilung der Besessenen gegeben hat, stellt uns als Leser vor die Frage:

- Was ist uns lieber: die Un-Ordnung, in der Menschen zu Besessenen von Gedanken, Geld, Gegenständen, Modetrends, Verhaltensmustern, Gruppenzwängen usw. werden,
oder
- die Ordnung, die Jesus im Namen Gottes herstellt, die Menschen frei macht, ihnen ihre Würde gibt und friedliche Verhältnisse wachsen lässt?

Diese Fragestellung klingt ziemlich abstrakt. Sie wird konkreter – und damit vielleicht schwieriger zu beantworten – wenn wir noch einmal den Bogen Papier ansehen, auf dem wir einleitend »Verrücktheiten« unserer Zeit festgehalten haben. Dabei können wir uns fragen:

- Würden wir uns freuen, wenn diese »Verrücktheiten« korrigiert werden,
oder
- hängen wir an einigen von ihnen doch so, dass es uns Leid täte?

Materialanhang

Bildabdruck Otto Dix, Die Heilung der Besessenen (einleitend)

Notizen zur Vorbereitung

Matthäus 15, 21-28 –
... und Jesus legte sein Vorurteil ab

Matthäus 15, 21-28

Und Jesus ging weg von dort und zog sich zurück in die Gegend von Tyrus und Sidon.
Und siehe, eine kanaanäische Frau kam aus diesem Gebiet und schrie: Ach Herr, du Sohn Davids, erbarme dich meiner! Meine Tochter wird von einem bösen Geist übel geplagt.
Und er antwortete ihr kein Wort. Da traten seine Jünger zu ihm, baten ihn und sprachen: Laß sie doch gehen, denn sie schreit uns nach.
Er antwortete aber und sprach: Ich bin nur gesandt zu den verlorenen Schafen des Hauses Israel.
Sie aber kam und fiel vor ihm nieder und sprach: Herr, hilf mir!
Aber er antwortete und sprach: Es ist nicht recht, daß man den Kindern ihr Brot nehme und werfe es vor die Hunde.
Sie sprach: Ja, Herr; aber doch fressen die Hunde von den Brosamen, die vom Tisch ihrer Herren fallen.
Da antwortete Jesus und sprach zu ihr: Frau, dein Glaube ist groß. Dir geschehe, wie du willst! Und ihre Tochter wurde gesund zu derselben Stunde.

Lutherbibel, revidierter Text 1984,
© 1985 Deutsche Bibelgesellschaft Stuttgart

Sie benötigen:
Den Text Matthäus 15,21-28 für alle TeilnehmerInnen

1. Vorurteile

Gespräch zur Eröffnung
Ein Wort möchte ich heute einleitend in den Raum stellen: **Vorurteile**.

– Wo habe ich sie erfahren?
– Wie bin ich mit ihnen umgegangen?
– Wann habe ich mich selber bei Vorurteilen ertappt?
Lassen Sie uns darüber sprechen.

2. Quellen von Vorurteilen

Nachdem wir uns zunächst auf der Ebene persönlicher Erfahrung über Vorurteile unterhalten haben, nun einige Erkenntnisse aus Psychologie und Soziologie. Wie entstehen Vorurteile? Wo liegen ihre Ursachen?

Die folgenden Stichpunkte können Sie in einer Informationseinheit entfalten; diese muss jedoch nicht monologisch verlaufen, vielmehr sollten Erfahrungen und Ansichten der Gruppenmitglieder einfließen.

• Ursachen für Vorurteile sind oft Ängste und Minderwertigkeitsgefühle, die wir durch Vorurteile kompensieren.
• Auch fehlende Erfahrungen verschiedener Menschengruppen miteinander können eine Quelle von Vorurteilen sein.
• Oft werden Vorurteile innerhalb von Gruppen erzeugt. Die Gruppen, zu denen Menschen gehören und mit denen sie sich identifizieren, bezeichnen wir als Wir-Gruppen. Die Gruppen, denen sie sich gegenüber sehen und von denen sie sich abgrenzen, bezeichnen wir als Sie-Gruppen. Oft ist die Wir-Gruppe der einen die Sie-Gruppe der anderen. Das Verhältnis der Angehörigen einer Wir-Gruppe zu den Angehörigen einer Sie-Gruppe kann durch reale Erfahrung geprägt sein; es kann aber auch durch Vorurteile bestimmt sein: Wir sehen die anderen nicht, wie sie wirklich sind, sondern wie wir sie sehen möchten.
• Mitunter reagieren Menschen(gruppen) auf Vorurteile mit Vorurteilen über die jeweils anderen. So kann eine gefährliche Kultur von Vorurteilen entstehen.

3. Jesus, die Frau und die Jünger

Lesung und Austausch: Matthäus 15, 21-28
Um Vorurteile geht es auch in einer neutestamentlichen Erzählung. In ihr begegnen uns mehrere Personen: Jesus, eine kanaanäische Frau, eine Frau also, die nicht zum jüdischen Volk gehörte, und die Jünger.

Gruppenarbeit
Ich bitte Sie jetzt, Gruppen von drei Personen zu bilden. Lesen Sie gemeinsam den Text und tauschen Sie sich darüber aus, welche Personen aus der Erzählung Ihnen am sympathischsten bzw. am unsympathischsten sind.
Die TeilnehmerInnen erhalten für Textlektüre und Kleingruppengespräch ca. 5 Minuten Zeit. Dann wird das Gespräch in der Gesamtgruppe fortgesetzt.

Die Personen der Erzählung
Jesus. So kennen wir ihn nicht. Uns begegnet in dieser Erzählung ein Jesus, der Vorurteile hat. Wo und wie kommen sie zum Ausdruck? Was geschieht im Verlauf der Erzählung mit diesen Vorurteilen?

Die Frau. Sie wird sicher von allen Gesprächsteilnehmern als sympathischste Gestalt der Erzählung empfunden.
Wie wird die Frau geschildert?
Wie die Krankheit ihrer Tochter?
Ob die Krankheit der Tochter etwas mit der Kultur von Vorurteilen zu tun hat, in der sie sich bewegt, können wir nur vermuten. Denkbar ist es.
Wie geht die Frau mit den Vorurteilen um, die ihr im Gespräch mit Jesus begegnen? Sie benutzt eine Ja-aber-Technik, d.h., sie erkennt die Meinung, die Jesus äußert, zunächst einmal grundsätzlich an, hinterfragt sie dann aber. Dies ist eine sehr effektvolle Technik, die uns möglicherweise auch nützlich sein kann, wenn wir auf Vorurteile stoßen. Mit ihrer Ja-aber-Technik gelingt es der Frau, Jesus zu bewegen.

Die Jünger. Sie wirken besonders unsympathisch. Sie lehnen die Frau ab und wollen auch Jesus dazu bewegen.
Wenn neutestamentliche Erzählungen von den Jüngern Jesu sprechen, ist nie nur eine Gruppe von Menschen um den historischen Jesus gemeint; die Jünger in diesen Erzählungen stehen immer auch für die Kirche. In der Erzählung von der kanaanäischen Frau erscheint die Gemeinschaft der Jesus-

Jünger, die Kirche also, in unangenehmem Zwielicht. Sie lehnt eine Hilfe suchende Frau ab. Wenn es nach dieser Kirche ginge, würde es nie zur Befreiung der Kranken von dem Dämon kommen, der sie quält. Diese Erzählung enthält also eine wichtige Lektion für die Kirche. Wie würden Sie diese beschreiben?

4. Ein unfrommer Glaube – oder eine besondere Frömmigkeit?

Zum Schluss achten wir noch darauf, was Jesus der Frau sagt:
»Dein Glaube ist groß. Was du willst, soll geschehen.«

Gesprächsanstoß
Was heißt in diesem Zusammenhang Glaube?

Glaube in diesem Zusammenhang meint nicht, eine religiöse Lehre für wahr zu halten. Glaube ist hier ein anderes Wort für »Vertrauen«, »Zutrauen«, aber auch für »Energie«, »Wille«. Die Frau zeigt also einen ganz »unfrommen« Glauben, einen, der Jesus geradezu in Verlegenheit bringt. Aber dafür wird sie von ihm gelobt. Die Geschichte ist ein schönes Beispiel feministischer Theologie.
Der Glaube der Frau richtet sich an Jesus. Sie vertraut ihm. Sie traut ihm zu, dass er ihre Tochter von dem quälenden Dämon befreien kann. Der Wille der Frau ist kein »Eigenwille«, sondern er ist darauf gerichtet, ihrer Tochter zu helfen. Jesus kann sich diesem Zutrauen und Willen nicht verschließen. Im Laufe der Erzählung ändert er seine Einstellung zur Frau und ihrem Anliegen. Mit ihrer Hilfe überwindet er die Kultur der Vorurteile, in der beide sich bewegen. Seine Einstellungsänderung wird zum Appell an die Hörer und Leser der Erzählung: Sie, also auch wir, werden vor die Frage gestellt, wodurch sie die Entmachtung von Dämonen und die Heilung von Menschen verhindern.

Materialanhang

Kopiervorlage Text Matthäus 15, 21-28 (vorlaufend)

Notizen zur Vorbereitung

Ungewohnte Logik
Einführung in die Seligpreisungen

Die Seligpreisungen

Glücklich
die Armen im Geiste,
denn ihnen gehört das Himmelreich.

Glücklich
die Traurigen,
denn sie werden getröstet werden.

Glücklich
die Sanftmütigen,
denn sie werden die Erde erben.

Glücklich
die hungrig und durstig sind nach Gerechtigkeit,
denn sie werden satt werden.

Glücklich
die Barmherzigen,
denn sie werden Barmherzigkeit erfahren.

Glücklich
die ein reines Herz haben,
denn sie werden Gott schauen.

Glücklich
die Frieden schaffen,
denn man wird sie Gotteskinder nennen.

Glücklich
die der Gerechtigkeit wegen verfolgt werden,
denn ihnen gehört das Himmelreich.

Sie benötigen:
- *Das Arbeitsblatt »Sieben Gesichter«;*
- *das Arbeitsblatt: »Was man über das Glück sagt«;*
- *das Arbeitsblatt »Die Seligpreisungen nach Matthäus und Lukas«;*
- *Textblätter mit dem Lied »Hört, wen Jesus glücklich preist«.*

1. Wenn ich mein Leben betrachte ...

Gesprächseinstieg mit dem Arbeitsblatt Sieben Gesichter
Was empfinden Sie im Blick auf Ihr Leben? Ist es bisher glücklich verlaufen? Oder sind Sie eher unglücklich? Ich gebe Ihnen jetzt ein Blatt mit sieben Gesichtern. Das links außen sieht sehr glücklich aus, dann nimmt der glückliche Ausdruck ab. Das Gesicht in der Mitte ist weder glücklich, noch unglücklich, das Gesicht ganz rechts ist sehr unglücklich. Welches dieser Gesichter kommt Ihrem Lebensgefühl am nächsten?

2. Wie wahr ist, was man über das Glück sagt?

Vertiefendes Gespräch anhand des Arbeitsblattes Was man über das Glück sagt
Ob wir glücklich sind oder nicht, das liegt zum Teil bei uns, zum Teil hängt es von Umständen ab, die wir nicht oder nur schwer beeinflussen können. Es gibt einige Redensarten über das Glück. Die müssen Sie allerdings erst noch vervollständigen. Das wird Ihnen jedoch nicht schwer fallen, weil Sie die meisten sicher kennen.

Danach unterhalten wir uns darüber, ob diese Redensarten unserer Meinung nach stimmen. Dabei überlegen wir:
– Was trägt zum Glücklich sein bei?
– Was steht ihm im Weg?

3. Bibelsprüche über die Glücklichen

Theologische Information und Gespräch
Auch das neue Testament enthält Sprüche über das Glück. Traditionell

nennen wir sie »Seligpreisungen«. Denn in der Luther-Übersetzung beginnen sie mit der Wendung »Selig sind die ...« Neuere Übersetzungen haben andere Ausdrücke gewählt: »Freuen dürfen sich die ...« oder: »Glücklich sind, die ...«

Lesung
Wir lesen jetzt die Seligpreisungen nach Matthäus und vergleichen sie mit der Fassung des Lukasevangeliums (Arbeitsblatt).

Dabei stellen wir fest:
– Das Matthäusevangelium und das Lukasevangelium enthalten zwei verschiedene Spruchreihen. Die im Lukasevangelium enthält drei Seligpreisungen, die des Matthäusevangeliums acht. Außerdem wirken die Sprüche im Lukasevangelium grundsätzlicher als die Parallelen bei Matthäus. Dort sind zwei von ihnen »vergeistlicht«: aus den »Armen« sind die »Armen im Geiste« geworden, aus den »Hungrigen« »die hungrig und durstig sind nach Gerechtigkeit«.
– Beide Evangelisten führen »ihre« Seligpreisungen auf Jesus zurück. Was er aber wirklich gesagt hat, lässt sich nur schwer entscheiden. Einerseits wirken die Seligpreisungen des Lukasevangeliums ursprünglicher, andererseits müssen wir davon ausgehen, dass beide Evangelisten mit ihrer Fassung der Seligpreisungen eine bestimmte Absicht vertreten. Beide sind gewissermaßen Predigten über ältere Jesusworte. Lukas legt sie für eine Kirche aus, in der es offenbar erhebliche soziale Unterschiede gab. Er bringt zum Ausdruck, dass Glück nicht an Wohlstand, Fröhlichkeit und ein sattes, zufriedenes Dasein gebunden ist. Diejenigen vielmehr, die all dies nicht haben, haben noch etwas vor sich: das Glück, das von Gott kommt. Matthäus hat die soziale Härte der Seligpreisungen abgemildert. Vielleicht ist es kein Wunder, dass in der Kirche gerade diese Fassung besonders populär wurde. Matthäus »predigte« offenbar einer Kirche, in der nicht soziale Probleme im Vordergrund standen, sondern in der unterschiedliche Einstellungen und Haltungen herrschten. Matthäus tritt für Haltungen ein, die in vieler Hinsicht unpopulär sind und im Alltag wenig Erfolg versprechen.

Gesprächsimpulse
Wir können an beide Fassungen der Seligpreisungen Fragen stellen:
– Im Blick auf die im Lukasevangelium lässt sich fragen:
Ist das Vertröstung auf Jenseits oder tritt Lukas für soziale Gerechtigkeit ein?

Oder ist das eine falsche Alternative?
– Auch im Blick auf die Seligpreisungen bei Matthäus muss man feststellen: Was sie zum Ausdruck bringen, entspricht nicht unseren Vorstellungen vom Glück!
– Und wir fragen uns: Kann man nach den Seligpreisungen leben?

Eine ernstzunehmende Antwort heißt: Nein. Die Geschichte und unser persönliches Leben ist voll von Beispielen dafür. Eine andere Antwort heißt: Die Seligpreisungen stellen unsere Vorstellungen von Glück und Glücklich sein auf den Kopf. Sie stellen weitverbreitete Denk- und Verhaltensmuster in Frage. Sie stellen auch vieles in Frage, was wir selber denken. Sie vertreten eine andere Logik. Die hat möglicherweise ihre Berechtigung. Sie stellt unsere Vorstellungen davon in Frage, was wir für Gewinn und Verlust halten, was wir lohnend oder nicht lohnend finden.

4. Hans im Glück – nur ein Verlierer?

Erzählung und Gespräch
Diese Logik begegnet uns auch außerhalb der Bibel, z.B. in der Erzählung vom »Hans im Glück«.
Erzählen Sie die Geschichte; achten Sie dabei darauf, dass die Pointe deutlich wird: Hans ist ein Verlierer – und trotzdem hat seine Geschichte ein Happyend: seine Ankunft bei der Mutter, die sich freut, ihren Hans wieder zu haben.
Mitunter ist es nicht so wichtig, was wir besitzen und leisten, sondern was wir für andere bedeuten und was andere für uns tun. Diese Logik ist mit der der Seligpreisungen verwandt. Ob wir sie für richtig oder falsch halten, muss jeder von uns für sich selber entscheiden. Jedoch kann sie uns helfen, die Welt und unseres eigenen Lebens anders zu sehen, als wir das meistens tun. Hierin liegt die Herausforderung der Seligpreisungen.

5. Hört, wen Jesus glücklich preist

Wir singen zum Abschluss das bekannte Lied »Hört, wen Jesus glücklich preist«

Materialanhang

Kopiervorlage Sieben Gesichter
Kopiervorlage Was man über das Glück sagt
Kopiervorlage Die Seligpreisungen (vorlaufend)
Kopiervorlage Liedblätter Hört, wen Jesus glücklich preist

Notizen zur Vorbereitung

Was man so über das Glück sagt

.... macht nicht glücklich, aber es beruhigt.

Glücklich ist, wer ...., was doch nicht zu ändern ist.

Ein jeder ist seines Glückes ....

Viel Glück und viel Segen ....

Glück und Glas – wie leicht ....

Die Seligpreisungen

	Matthäus 5,3-10	Lukas 6,20-21
1	Glücklich die Armen im Geiste, denn ihnen gehört das Himmelreich.	Glücklich ihr Armen, denn euch gehört Gottes Reich.
2	Glücklich die Traurigen, denn sie werden getröstet werden.	Glücklich ihr, die ihr jetzt weint, denn ihr werdet lachen.
3	Glücklich die Sanftmütigen, denn sie werden die Erde erben.	
4	Glücklich die hungrig und durstig sind nach Gerechtigkeit, denn sie werden satt werden.	Glücklich ihr, die ihr jetzt hungrig seid, denn ihr werdet satt werden.
5	Glücklich die Barmherzigen, denn sie werden Barmherzigkeit erfahren.	
6	Glücklich die ein reines Herz haben, denn sie werden Gott schauen.	
7	Glücklich die Frieden schaffen, denn man wird sie Gotteskinder nennen.	
8	Glücklich die der Gerechtigkeit wegen verfolgt werden, denn ihnen gehört das Himmelreich.	

Hört, wen Jesus glücklich preist

Hört, wen Jesus glücklich preist, halleluja,
wem er Gottes Reich verheißt, halleluja.

Dem, der Gott nichts bieten kann, halleluja,
bietet Gott die Freundschaft an, halleluja.

Wem hier großes Leid geschah, halleluja,
dem ist Gottes Trost ganz nah, halleluja.

Wer von Macht und Krieg nichts hält, halleluja,
erbt am Ende Gottes Welt, halleluja.

Hungert uns nach Gerechtigkeit, halleluja,
steht uns Gottes Tisch bereit, halleluja.

Keinen, der barmherzig ist, halleluja,
Gottes Liebe je vergißt, halleluja.

Die hier rein durchs Leben gehn, halleluja,
werden Gottes Antlitz sehn, halleluja.

Wer zum Frieden sich bekannt, halleluja,
der wird Gottes Kind genannt, halleluja.

Wer hier leidet für den Sohn, halleluja,
den erwartet Gottes Lohn, halleluja.

Text: Kurt Hoffmann und Friedrich Walz
Melodie: Spiritual
aus: Neue Kinderlieder © Gustav Bosse Verlag, Kassel

Wie sind Sie mit Ihrem Leben zufrieden?

Diese Gesichter drücken verschiedene Grade von Zufriedenheit oder Unzufriedenheit aus. Welches von ihnen bringt am ehesten zum Ausdruck, was Sie im Blick auf Ihr Leben fühlen?

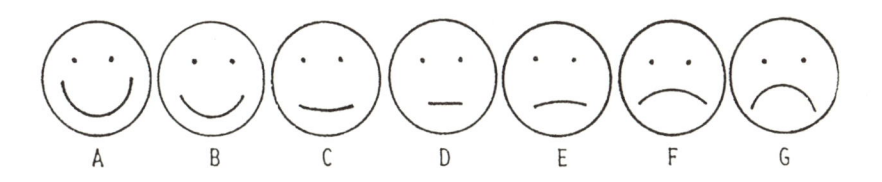

A B C D E F G

Matthäus 5, 3 – Glücklich die Armen – soll das wahr sein?

(parallel Lukas 6, 20)

Hört, wen Jesus glücklich preist

Hört, wen Jesus glücklich preist, halleluja,
wem er Gottes Reich verheißt, halleluja.

Dem, der Gott nichts bieten kann, halleluja,
bietet Gott die Freundschaft an, halleluja.

Wem hier großes Leid geschah, halleluja,
dem ist Gottes Trost ganz nah, halleluja.

Wer von Macht und Krieg nichts hält, halleluja,
erbt am Ende Gottes Welt, halleluja.

Hungert uns nach Gerechtigkeit, halleluja,
steht uns Gottes Tisch bereit, halleluja.

Keinen, der barmherzig ist, halleluja,
Gottes Liebe je vergißt, halleluja.

Die hier rein durchs Leben gehn, halleluja,
werden Gottes Antlitz sehn, halleluja.

Wer zum Frieden sich bekannt, halleluja,
der wird Gottes Kind genannt, halleluja.

Wer hier leidet für den Sohn, halleluja,
den erwartet Gottes Lohn, halleluja.

Text: Kurt Hoffmann und Friedrich Walz
Melodie: Spiritual
aus: Neue Kinderlieder © Gustav Bosse Verlag, Kassel

Sie benötigen:
Wandtafel oder Flipchart
Textblatt mit dem Lied »Hört, wen Jesus glücklich preist«
und den Seligpreisungen nach Matthäus und Lukas

1. Was ist Armut?

Gespräch und Information
An der Wandtafel steht der Satz:

Arm ist jemand, wenn ...

Wir suchen nach möglichen Fortsetzungen und sprechen dabei darüber, wie Armut sich äußert, wodurch sie entsteht und welche Folgen sie hat. Dabei können Tafelbilder entstehen, die deutlich machen:

Armut ist vielschichtig
Sie hat eine materielle und eine kulturelle, eine physische (körperliche) und eine geistige (spirituelle) Seite. Menschen, sie arm sind, stumpfen oft auch ab. Sie pflegen ihre Umgebung und sich selbst oft nicht. Sie verarmen oft auch innerlich. Spirituelle und kulturelle Armut ist meistens schon eine Folge materieller Armut.

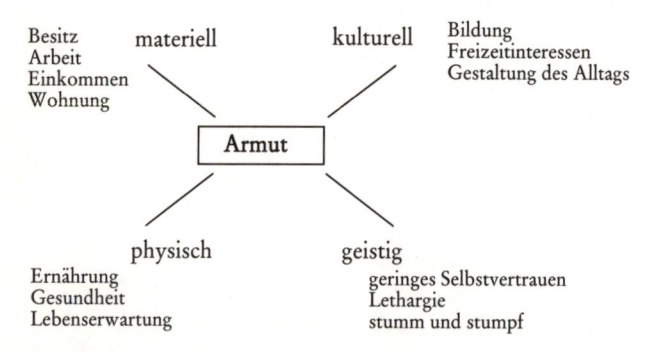

	materiell	kulturell	
Besitz Arbeit Einkommen Wohnung			Bildung Freizeitinteressen Gestaltung des Alltags

Armut

	physisch	geistig	
Ernährung Gesundheit Lebenserwartung			geringes Selbstvertrauen Lethargie stumm und stumpf

Die Wahrnehmung von Armut
Wer nicht arm ist, empfindet oft die körperliche, geistige und kulturelle Seite der Armut (und der Armen!) als unangenehm. Obdachlose sind ungepflegt, Arbeitslose wissen oft nicht, wie sie ihre Freizeit gestalten sollen, in armen Wohngebieten sind Häuser und Vorgärten meistens schlecht ge-

pflegt. Im Umkreis der Armut lauert Unsauberkeit, Krankheit, Kriminalität. So sehen wir oft das wirkliche Wesen der Armut nicht. Wir empfinden sie als unangenehm und verstehen nicht, dass sie für die Betroffenen ein Unglück ist.

Individuelle und kollektive Armut
Individuelle Armut kann von den Betroffenen selbst verschuldet sein. Kollektive Armut ist nie von den Betroffenen verschuldet, sie ist das Ergebnis ungerechter Verhältnisse. Das gilt vor allem für moderne Massenarmut in der Dritten Welt. Sie ist die Kehrseite des Reichtums in den hochentwikkelten Industrienationen. Sie hat sich nicht einfach »ergeben«, sondern wird geradezu produziert. Doch auch individuelle Armut ist oft das Resultat von Verhältnissen, die Menschen nicht genügend Chancen einräumen.

Ursachen von Armut
Wirtschaftliche und Besitzverhältnisse spielen eine wichtige Rolle. Finanzielle Not stürzt Menschen in Schulden. Arme haben aber auch von vornherein schlechte Bildungschancen und wenig Aussichten auf zureichende Ernährung, Gesundheitsfürsorge, lohnende und befriedigende Arbeit. Dies wirkt dann wieder auf ihre soziale Situation zurück und vertieft die Armut:

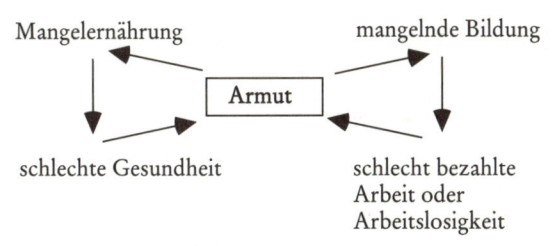

```
Mangelernährung              mangelnde Bildung
       ↖  ↓          ↓  ↗
          [ Armut ]
       ↙  ↑          ↑  ↘
schlechte Gesundheit         schlecht bezahlte
                             Arbeit oder
                             Arbeitslosigkeit
```

Teufelskreise der Armut

Wir halten zusammenfassend fest: Armut ist für die Betroffenen ein Unglück, aus dem sie sich selber oft nicht befreien können. Sie ist auch ein Skandal und muss daher bekämpft werden.

Was kann man gegen Armut tun?
• Man kann Not lindern: durch Almosen, durch Barmherzigkeit; Beispiel: eine Suppenküche für Obdachlose.
• Man kann miteinander teilen und so einen Lastenausgleich schaffen; Beispiel: Sozialhilfe für Einkommensschwache.

• Die Armen selber können versuchen, ihre Lage zu verbessern;
Beispiel: Selbsthilfe-Organisationen; Eine-Welt-Läden.
• Man kann Programme zur Armutsbekämpfung organisieren, welche die Ursachen von Armut beseitigen;
Beispiel: Schuldenerlass für die ärmsten Länder der Erde.

2. Auch Reiche können arm sein

Gespräch
Ich schreibe jetzt einen weiteren unvollständigen Satz an die Tafel:

Jemand ist arm dran, wenn ...

Wir überlegen wieder, wie dieser Satz vervollständigt werden könnte. Dabei halten wir fest: als »arm dran« bezeichnen wir Leute, die krank, behindert oder einsam sind, einen Verlust erlitten haben oder aus einem anderen Grunde unglücklich sind. Wer »arm dran« ist, muss nicht unbedingt arm sein. Wir können auch von gut situierten Leuten sagen, sie seien »arm dran«.

3. Eine Seligpreisung – zwei Varianten

Im Matthäus- und im Lukasevangelium lesen wir eine Seligpreisung der Armen. Allerdings spricht Lukas eindeutig von Menschen, die in Armut leben.

Die Armen im Matthäusevangelium
Matthäus hingegen spricht von »Armen im Geiste«. Damit sind nicht geistig Behinderte gemeint, auch nicht Leute mit einem niedrigen Bildungsstand, sondern Menschen, die Gott gegenüber »arm dran« sind und dies auch wissen. In dem Lied »Hört, wen Jesus glücklich preist« heißt eine Strophe:
Dem, der Gott nichts bieten kann,
bietet Gott die Freundschaft an.

Damit ist die Situation der »Armen im Geiste« zutreffend beschrieben. Das Gegenstück bilden Leute, die sich vor Gott wichtig machen. Sie haben übrigens auch die Tendenz, sich im gleichen Maße Menschen gegenüber wichtig zu machen. Die Seligpreisung der Armen im Matthäusevangelium ermutigt uns dazu, uns nicht vor Gott und Menschen groß und wichtig zu machen, sondern uns einzugestehen, dass wir Gott gegenüber »arm dran« sind und ihm daher nichts bieten können. Wir sind darauf angewiesen, dass er uns mit unserer »Armut im Geiste« annimmt. Die Gottesherrschaft, die den »Armen im Geiste« versprochen wird, lässt sich nicht verdienen, nicht herbei kämpfen, und schon gar nicht können wir darauf Anspruch erheben. Wir können sie uns aber schenken lassen.

Die Armen im Lukasevangelium
Die Seligpreisung der Armen im Lukasevangelium ist an Menschen gerichtet, die materiell arm sind – mit allen Konsequenzen materieller Armut. Sie nennt Jesus »glücklich«. Ist das nicht ein grotesker Widerspruch?
Lukas hat hier offenbar keinen Widerspruch gesehen. Er erzählt, dass Jesus in der Synagoge predigt und dabei »gute Nachricht für die Armen« verkündet: »Ich bin gekommen, ein Gnadenjahr des Herrn auszurufen.« (Lukas 4,18-19)
Damit knüpft er an eine Anweisung aus dem Pentateuch an: Nach Exodus 23,10-11; und Leviticus 25,2-7 soll alle sieben Jahre ein »Sabbatjahr« stattfinden, ein Jahr der Ruhe für das Land, in dem es nicht bestellt wird. Deuteronomium 15,1-2 fordert außerdem, dass alle sieben Jahre auch ein Schuldenerlass stattfindet: Zur ökologischen Balance soll die ökonomische kommen. In Leviticus 25,8-17 wird ein großes Erlassjahr vorgeschrieben. Es soll alle sieben mal sieben Jahre ausgerufen werden. Praktisch einmal in jeder Generation wird damit die Chance zum wirtschaftlichen Neuanfang eingeräumt. Im Erlassjahr werden alle Schulden gestrichen und wer in Schuldsklaverei geraten ist, darf auf sein Land zurückkehren und es wieder bewirtschaften.
Jesus hat, dem Lukasevangelium zufolge, ein solches Erlassjahr, ein »Gnadenjahr« angekündigt. Gottes Herrschaft war für ihn nichts Jenseitiges, auch nicht etwas rein Geistliches; für ihn hat sie auch eine politische, soziale und wirtschaftliche Seite. Daher verkündete Jesus den Armen gute Nachricht: »Für euch ist Gottes Herrschaft da.« Eure Schulden werden gestrichen. Ihr könnt noch einmal von vorn beginnen. Was für ein Glück: Gott meint es gut mit euch!
So verstanden ist die Seligpreisung der Armen im Lukasevangelium keine Vertröstung aufs Jenseits oder auf eine ferne Zukunft und auch keine Idealisierung der Armen. Die Armen werden in ihrer Not Ernst genommen. Es

ist Zeit, dass der Teufelskreis von Not und Armut unterbrochen wird, sagt Jesus. Die Seligpreisung der Armen nach Lukas ist also keineswegs widersprüchlich; sie zeigt vielmehr eine strikte Logik. Allerdings trifft diese Logik auf massiven Widerstand – zur Zeit von Jesus und Lukas wie heute.

4. Glücklich die Armen – eine Herausforderung

Aussprache
Sowohl Matthäus als auch Lukas haben eine Seligpreisung der Armen überliefert – jedoch sind beide Evangelisten bei ihrer Auslegung verschiedene Wege gegangen. Welchem Evangelisten wir auch folgen: wir werden feststellen, dass die Scligpreisung der Armen – in der einen oder anderen Form – eine Herausforderung an unser Denken und unsere Lebensweise darstellt.
Durch welche Version der Seligpreisung der Armen fühlen wir uns besonders herausgefordert?

5. Hört, wen Jesus glücklich preist

Wir singen: Hört, wen Jesus glücklich preist

Materialanhang

Notizen zur Vorbereitung

Matthäus 5, 5 – Lob der Gewaltlosigkeit

Jeder Teil dieser Erde ist meinem Volk heilig,

Jeder Teil dieser Erde ist meinem Volk heilig,

wir sind Teil der Erde, und sie ist ein Teil von uns. Die duftenden Blumen sind unsere Schwestern, die Rehe, das Pferd, der große Adler – sie sind unsere Brüder.

Lehrt Eure Kinder, was wir unsere Kinder lehren: Die Erde ist unsere Mutter. Was die Erde befällt, befällt auch die Söhne der Erde. Wenn Menschen auf die Erde spucken, bespeien sie sich selbst.

Denn das wissen wir, die Erde gehört nicht den Menschen, der Mensch gehört zur Erde.

überliefert aus einer Rede des Häuptling Seattle

Sie benötigen:
Wandtafel oder Flipchart;
Textblatt mit dem Lied: Hört, wen Jesus glücklich preist;
Textblatt mit dem Text: Jeder Teil dieser Erde ist meinem Volk heilig;
Erzählung von Leo Tolstoi »Wieviel Erde braucht der Mensch?«.

1. Land – was bedeutet es für uns?

Anstoß und Gespräch zum Einstieg
An der Wandtafel steht das Wort LAND

Wir bilden Worte, in denen »Land« vorkommt: Landwirt, Landschaft, Landwirtschaft, Ackerland, Bauland, Heimatland, England, Landkarte, Landesregierung, Landesrecht, Landeskirche, Landsleute, Landbesitz ...
Die bunte Sammlung solcher Worte zeigt, welche große Bedeutung das Land für uns hat: Wir leben auf dem Land (Bauland), vom Land (Ackerland), unsere Identität ist mit ihm verknüpft (Heimatland, Landeskirche), wir besitzen es teilweise – und dabei ist es ein begrenztes Gut: so wie Bodenschätze, Luft und Wasser.

2. Land als Ursache von Konflikten

Information und Gespräch
Weil Land ein begrenztes Gut ist, hat es im Laufe der Geschichte viele Konflikte um Land gegeben. Wir rufen uns einige Beispiele ins Gedächtnis:
• In England umgaben Grundbesitzer im 16. Jahrhundert ihren Grundbesitz mit Mauern. Im Rahmen dieser Enfencements (Einzäunungen) wurde die Landbevölkerung gezwungen, Grund und Boden zu verlassen; so entwickelte sich in der Folgezeit das Stadtproletariat.
• In Nordamerika kam es zu heftigen Konflikten zwischen der indianischen Urbevölkerung und weißen Siedlern. Die Indianer wurden in Reservate zurückgedrängt. Beim Abschluss eines Vertrages zwischen Weißen und Indianern hielt Häuptling Seattle eine berühmt gewordene Rede, die zeigt, welche unterschiedliche Einstellung weiße Siedler und Indianer zum Land hatten.
• Die Nazis begründeten ihren Ostfeldzug mit der Parole vom »Volk ohne Raum«.

- Seit der Gründung des Staates Israel gibt es Konflikte zwischen Juden und Palästinensern. Dabei spielen auch jüdische Ansiedlungen in palästinensischem Gebiet eine Rolle.

3. Land als Thema der Bibel

Theologische Information und Gespräch

Land ist auch ein Zentralthema der Bibel, vor allem der hebräischen Bibel. Die Hebräer waren ursprünglich Nomaden. Im Laufe ihrer Geschichte wanderten sie nach Palästina ein und wurden dort ansässig. Sie empfanden dies Land aber nicht als ihren *Besitz*, sondern als eine *Gabe* Gottes, die ihnen *anvertraut* war. Die hebräische Bibel bringt immer wieder die Überzeugung zum Ausdruck, dass Jahwe, der Gott Israels, der eigentliche Besitzer und Herr des Landes ist. Menschen können das Land nur als »Erbe« erhalten und bewahren, wenn sie seinen Willen befolgen.

Selig sind die Sanftmütigen, denn sie werden die Erde besitzen

Dies ist der Hintergrund für die Seligpreisung in Matthäus 5, 5. In Luthers Übersetzung lautet sie:

Selig sind die Sanftmütigen, denn sie werden die Erde besitzen.

Schreiben Sie den Satz an die Tafel / die Flipchart, markieren Sie »die Sanftmütigen« und notieren Sie daneben während des folgenden Gespräches Alternativbegriffe.

Sanftmütig

Schon der Schweizer Reformator Huldrych Zwingli legte Wert auf die Feststellung: »Die Sanftmut duldet nicht, daß jemandem Gewalt und Unrecht angetan wird.« Durch welches Wort könnten wir also »sanftmütig« ersetzen?

Wir sammeln Vorschläge (friedlich, gutwillig, zärtlich, gewaltlos, behutsam, ...).

Am besten eignet sich vielleicht das Wort »gewaltlos«. Dann können wir Matthäus 5, 5 folgendermaßen übersetzen:

Glücklich die Gewaltlosen; sie werden die Erde erben.

4. Die Logik der Gewalt und die Logik der Gewaltlosigkeit

Meditativer Abschluss mit Erzählung: »Wieviel Erde braucht der Mensch?«
Dies ist eine ungewöhnliche Logik. Viel selbstverständlicher und erfolgversprechender erscheint die Logik der Gewalt: Wer genügend Macht und Einfluss hat und entsprechenden Druck auf andere ausübt, hat die größten Chancen, das Land, die Erde zu besitzen. Oder?

Die Gegenüberlegung ist immerhin sinnvoll.

- Menschen haben *sich gegenseitig* viel Gewalt angetan, um Land an sich zu bringen. Konflikte um Land sind oft blutig verlaufen, und der Konflikt zwischen Juden und Palästinensern zeigt, wie wenig erfolgreich der Einsatz von Gewalt ist: dabei verlieren oft beide Konfliktparteien.
- Menschen tun auch *der Erde* Gewalt an. Unsere ökologischen Probleme sind Resultate der Gewalt, welche die Menschheit der Erde gegenüber ausübt. Diese Gewalt schlägt auf uns zurück. Wenn wir die Erde unseren Kindern und Enkeln erhalten wollen, müssen wir im Umgang mit ihr Gewaltlosigkeit üben.
- Im Bestreben, Land zu besitzen und die Erde zu beherrschen, tun Menschen auch *sich selber* Gewalt an. Davon handelt eine Erzählung des russischen Schriftstellers Leo Tolstoi: »Wieviel Erde braucht der Mensch?«

Es ist sinnvoller, die Erzählung gerafft nachzuerzählen als sie vorzulesen.

Menschen tun sich gegenseitig, der Erde und sich selber Gewalt an, um Land zu besitzen, zu beherrschen und für ihre Zwecke auszubeuten. Und das Ergebnis ist in der Regel schädlich und tödlich. Dies zeigt, dass die Logik der Gewaltlosigkeit sinnvoller ist als die Logik der Gewalt.

5. Hört, wen Jesus glücklich preist ...

Wir singen zum Abschluss.
Die vierte Strophe dieses Liedes bringt die Überzeugung zum Ausdruck, dass die Logik der Gewaltlosigkeit tragfähiger ist als die Logik der Gewalt:

Wer von Macht und Krieg nichts hält,
erbt am Ende Gottes Welt.

Materialanhang

Kopiervorlage Jeder Teil dieser Erde ist meinem Volk heilig (vorlaufend)

Notizen zur Vorbereitung

Matthäus 5, 9 –
Frieden schaffen – kann ich das?

Mache mich zum Werkzeug deines Friedens

O Herr, mache mich zu einem Werkzeug deines Friedens,
daß ich Liebe übe, wo man sich haßt,
daß ich verzeihe, wo man sich beleidigt,
daß ich verbinde, da, wo Streit ist,
daß ich Wahrheit sage, wo der Irrtum herrscht,
daß ich den Glauben bringe, wo Zweifel drückt,
daß ich die Hoffnung wecke, wo Verzweiflung drückt,
daß ich ein Licht anzünde, wo die Finsternis regiert,
daß ich Freude mache, wo der Kummer wohnt.

Herr, laß mich trachten:
nicht, daß ich getröstet werde, sondern daß ich andere tröste;
nicht, daß ich verstanden werde, sondern daß ich andere verstehe;
nicht, daß ich geliebet werde, sondern daß ich andere liebe.

Denn wer da hingibt, der empfängt,
wer sich selbst vergißt, der findet;
wer verzeiht, dem wird verziehen;
und wer stirbt, erwacht zu ewigen Leben.

Text: Normandie um 1913
aus: EG 416

Sie benötigen: Wandtafel oder Flipchart

1. Als der Krieg zu Ende war ...

Anstoß und Gespräch
Dieser Gesprächsimpuls richtet sich vor allem an die Älteren. Sie haben den zweiten Weltkrieg noch erlebt. Als er zu Ende war, herrschte nicht nur Erleichterung. Wie war es, als der Krieg zu Ende war?

TeilnehmerInnen erzählen und wir notieren Stichworte an Wandtafel bzw. Flipchart:
Da herrschte Hunger, wir haben gestohlen, um etwas zum Essen zu haben. Wir waren Flüchtlinge. Die Russen kamen – und wir hatten Angst vor ihnen. Wir wussten nicht, wie es weitergehen sollte. Eine Gesprächsteilnehmerin gesteht sogar: »Ich habe geheult, weil Hitler tot war.« Verführte Jugend, verlorener Nationalstolz, Orientierungslosigkeit. Ein kompliziertes Bild entsteht. Als der Krieg zu Ende war – war da Frieden?

Anmerkung
Wenn die Gesprächsteilnehmer jünger sind, können sie nicht aus eigener Erfahrung reden. Dann sind sie auf das angewiesen, was sie von anderen gehört oder aus Filmen, Büchern und sonstigen Medien über die Nachkriegszeit erfahren haben. Entsprechend muss der Gesprächsimpuls formuliert sein. Das Ergebnis wird jedoch ähnlich aussehen: Wenn ein Krieg zu Ende geht, ruhen zwar die Waffen – aber Frieden ist das noch nicht.

2. Was ist Frieden?

Im Gegenzug sammeln wir Stichworte, die Frieden beschreiben. Auch die notieren wir für alle sichtbar. Dann ordnen wir sie zu Komplexen, so dass deutlich wird: Frieden hat mehrere Ebenen:

– eine internationale und politische;
– eine gesellschaftliche (soziale);
– eine lokale (Ruhe und Sicherheit in unserem Ort und unserer Nachbarschaft);
– eine innerfamiliäre;
– eine ganz persönliche.

Diese Ebenen sind oft miteinander verknüpft. Internationale Konflikte versetzen Menschen in innere Unruhe; gesellschaftliche Probleme zeigen sich auch an unserem Wohnort.

Dimensionen des Shalom

Die Bibel hat ein Wort für Frieden: Shalom. Dies Wort hat mehrere Bedeutungen. Wir können es nicht nur mit »Frieden« übersetzen, sondern auch mit »Wohlergehen«, mit »Heil«, oder mit »Guten Tag«. Was die Bibel unter Frieden versteht, ist auch heute hilfreich und lehrreich. Drei Gesichtspunkte sind am Shalom besonders wichtig:

Shalom als Gruß

Die elementarste Bedeutung von Shalom ist der Gruß. Shalom als Gruß meint: »Es soll dir gut gehen.« Solch ein guter Wunsch ist bei der Begegnung von zwei Menschen ungeheuer wichtig. Er schafft Vertrauen. Er zeigt dem anderen: Ich wünsche dir nichts Schlechtes, sondern Gutes. Frieden setzt Begegnung und Vertrauensbildung voraus. Der Gruß »Shalom« bringt zum Ausdruck, dass Menschen an dem Intakt sein von Gemeinschaft liegt, daran, dass jeder in Frieden seine Wege gehen und anderen begegnen kann.

Shalom als Friede und Zufriedenheit

Shalom ist sowohl politischer und gesellschaftlicher Frieden wie auch innere Zufriedenheit. Er hat eine politische Außendimension und eine persönliche Innnendimension. Beides lässt sich nicht voneinander trennen.

Shalom als Prozess

Shalom ist kein Zustand, sondern ein Prozess. Frieden ist ein fließendes Gleichgewicht, das immer wieder neu hergestellt werden muss. In der hebräischen Sprache wird das dadurch deutlich, dass Shalom zwar ein Substantiv ist, jedoch einen Tätigkeitsaspekt einschließt. Für die Hebräer war eine Sache und das Betreiben einer Sache viel enger verbunden als für uns. Als Verständnishilfe stellen wir uns vor, wir hätten im Deutschen ein Verb »frieden«. Das käme der Bedeutung des biblischen Shalom-Begriffes ziemlich nahe.

3. Glücklich, die Frieden schaffen!

An diese Bedeutung von Shalom muss Jesus (oder Matthäus) bei der Seligpreisung gedacht haben, die wir im Matthäusevangelium lesen:

Glücklich, die Frieden schaffen, denn man wird sie Gotteskinder nennen.

Hier wird nicht gesagt: »Glücklich die Friedlichen«. Ich kann ganz friedlich sein und doch dem Frieden nicht dienen. Vielmehr heißt es: »Glücklich, die Frieden schaffen«. Die also an ihm arbeiten – auf welcher Ebene auch immer.

Frieden fördern
Wie können wir Frieden fördernd tätig werden? Die meisten GesprächsteilnehmerInnen können dazu am ehesten aus ihrem unmittelbaren Erfahrungsbereich heraus reden: aus Familie, Berufswelt, Nachbarschaft. Wie können wir in diesen Bereichen unseres Lebens Frieden fördernd wirken?

Das Kleine und das Große
Hat das, was wir im Kleinen tun, Auswirkungen auf den Frieden im Großen?

Man glaubt ja oft nicht, dass unsere kleinen Taten und Aktionen Auswirkungen haben auf Gesellschaft und Politik. Und doch ist es so. Wie die verschiedenen Ebenen, auf denen wir Frieden (oder Unfrieden) erfahren, miteinander verknüpft sind, so können auch »kleine« persönliche Taten Auswirkungen haben auf den »höheren« Ebenen von Politik und Gesellschaft. Wir machen uns das am besten klar, indem wir uns fragen:

4. Was gefährdet und was fördert den Frieden?

Wir werden feststellen: Nicht so sehr die militärische Konfrontation von Staaten gefährdet heute den Frieden (obwohl auch das immer wieder der Fall ist), sondern soziale Faktoren wie Armutsmigration, Arbeitslosigkeit, Gewalt und Kriminalität. Oder Umweltprobleme wie knapper werdende Rohstoffe, Konflikte um Wasser, Zerstörung der Atmosphäre, globale Erderwärmung. Wir können nicht die politischen Lösungen für derartige Probleme liefern; jedoch gibt es direkte Verbindungslinien zwischen unseren alltäglichen Erfahrungen und unserem alltäglichen Verhalten und diesen Frieden gefährdenden Umständen. Wir versuchen, sie zu beschreiben. Als Ergebnis und Ausblick halten wir fest: Wo Beziehungen zwischen unserem persönlichen Handeln und Frieden *gefährdenden* Faktoren bestehen, muss es auch Zusammenhänge geben zwischen Frieden *förderndem* persönlichem Verhalten und den großen politischen und gesellschaftlichen Vorgängen.

5. Mache mich zum Werkzeug deines Friedens

Zum Abschluss beten wir gemeinsam: O Herr, mache mich zu einem Werkzeug deines Friedens (EG 416)

Materialanhang

Kopiervorlage Mache mich zum Werkzeug (einleitend)

Notizen zur Vorbereitung

Gott baut ein Haus, das lebt

Ein Bibelgespräch für Erwachsene und Kinder

1 Petrus 2, 5 und 7 –
Gott baut ein Haus, das lebt

Gott baut ein Haus, das lebt

1. Gott baut ein Haus, das lebt,
aus lauter bunten Steinen,
aus großen und aus kleinen,
eins, das lebendig ist.

2. Gott baut ein Haus, das lebt.
Wir selber sind die Steine,
sind große und auch kleine, du,
ich und jeder Christ.

3. Gott baut ein Haus, das lebt,
aus ganz, ganz vielen Leuten,
die in verschiednen Zeiten
hörten von Jesus Christ.

4. Gott baut ein Haus, das lebt.
Er sucht in allen Ländern
die Menschen zu verändern,
wie's dafür passend ist.

5. Gott baut ein Haus, das lebt.
Er selbst weist dir die Stelle
in Ecke, Mauer, Schwelle, da,
wo du nötig bist.

Text und Melodie: Waltraud Osterlad
© Evangelische Verlagsanstalt Leipzig, 1995

Dieses »Bibelgespräch« eignet sich für Gruppen, die aus Kindern und Erwachsenen gemischt sind. Es gibt ihnen allen die Möglichkeit, auf zwanglose Weise etwas zum Gespräch beizusteuern – nicht nur verbal, sondern in sichtbarer Weise. So können Erwachsene und Kinder sich als gleichberechtigte Gesprächspartner erleben.

Sie benötigen:
• *Blätter mit dem Lied »Gott baut ein Haus das lebt«;*
• *einen großen Bogen Papier (Packpapier oder Tapete), auf das Sie ein Haus zeichnen;*
• *»Ziegelsteine« aus farbigem Papier und Stifte zum Beschriften, Klebestifte.*

1. Die Kirche – ein lebendiges Gebäude ...

Im 1. Petrusbrief wird die Christengemeinde ein lebendiges Gebäude genannt: Gott ist ihr Baumeister, Christus ist ihr Fundament, wir alle sind Steine in diesem Gebäude. Davon handelt ein Lied, das wir jetzt miteinander singen wollen.

Liedblatt Gott baut ein Haus
Wir singen die erste Strophe von »Gott baut ein Haus, das lebt«.

2. ... und wir gehören dazu ...

Jeder Stein ist wichtig – aber jeder Stein ist auch anders. Wir wollen uns das jetzt bewusst machen. Was bringen wir – jede und jeder persönlich – in das Gebäude unserer Gemeinde ein? Wir alle haben ja bestimmte Eigenschaften, Fähigkeiten und Begabungen. Manches davon kommt unserem Gemeindeleben zugute. Anderes könnte ihm noch zugute kommen. Alle TeilnehmerInnen erhalten einen »Ziegelstein« und können ihn beschriften oder bemalen. Dann wird er in das Gebäude eingefügt – in das Haus auf dem großen Bogen Papier eingeklebt. Dabei sagen alle TeilnehmerInnen, was auf ihrem »Ziegelstein« steht; über einiges können wir ausführlicher sprechen.
Wir haben gesehen: Wir selber sind Steine in dem Gebäude der Christengemeinde. Die Steine sind verschieden, ihr Platz im Gebäude ist verschie-

den – aber erst dadurch, dass einzelne Steine zusammengefügt werden, entsteht ein Bauwerk. Deshalb ist einerseits jeder einzelne Stein wichtig – andererseits das große Ganze, der Plan, den der Baumeister mit uns hat, und das Fundament, welches das Gebäude trägt.

Liedblatt Gott baut ein Haus
Wir singen die zweite Strophe des Liedes.

Dann fügen wir eine zweite Runde an: In der Mitte liegen noch weitere »Ziegelsteine«; die TeilnehmerInnen können sich dort noch bedienen, sie mit dem beschriften, was sie in das Gebäude Gemeinde einbringen.

3. ... und Menschen aus vergangenen Zeiten ...

Liedblatt Gott baut ein Haus
Jetzt singen wir die dritte Strophe des Liedes.

Sie erinnert uns daran, dass das Gebäude der Kirche schon viel älter ist, als wir selber. Zu ihm gehören Menschen, die nicht mehr unter uns sind. Einige ihrer Namen wollen wir jetzt aufschreiben und sie auch in das Gebäude einfügen – als Erinnerung daran, dass das »Haus, das lebt« viele Generationen von lebendigen Steinen umfasst. Zu diesen Steinen aus alter Zeit gehören prominente Christen. Wer fällt uns da ein? Wer ist uns besonders wichtig? Dazu gehören aber auch ganz gewöhnliche Leute: unsere Vorfahren. Oder Menschen, die früher zu unserer Gemeinde gehört haben. Wir schreiben einige ihrer Namen auf »Ziegelsteine«, stellvertretend für viele andere, und bringen sie auch in dem Haus auf dem großen Bogen Papier an.

4. ... und aus anderen Orten und Ländern ...

Liedblatt Gott baut ein Haus
Nun singen wir die vierte Strophe des Liedes.

Sie erinnert daran, dass das Gebäude der Gemeinde Gottes nicht nur an einem Ort steht, nicht nur in einem Land, sondern dass es ein weltweites Bauwerk ist. Kennen wir Menschen aus anderen Ländern, die zu diesem

Gebäude gehören? Wir schreiben auch ihre Namen auf »Ziegelsteine« und kleben sie in das Haus ein. Dabei können wir ausführlicher erzählen, wer sie sind, woher wir sie kennen, ob wir ihnen persönlich begegnet sind oder sie vom Hörensagen kennen. Wieder werden Namen von Prominenten auf den »Ziegelsteinen« stehen, vielleicht aber auch Namen von Personen, denen wir bei einer Reise begegnet sind, die unsere Gemeinde besucht haben, Namen von Einwanderern, die früher in einem anderen Land gelebt haben und jetzt in unserem Ort wohnen, der Name einer Freundin oder eines Freundes in einer anderen Stadt oder der Name des Kindes in der »Dritten Welt«, für das jemand eine Patenschaft übernommen hat.

5. Gott baut ein Haus, das lebt

Liedblatt Gott baut ein Haus
Zum Schluss singen wir alle fünf Strophen des Liedes.

Materialanhang

Liedblatt Gott baut ein Haus (vorlaufend)

Notizen zur Vorbereitung